湖湘英烈故事丛书

工人运动的杰出领袖

邓中夏

蒋祖烜◎主编
闫勋才◎著

湖南人民出版社

图书在版编目（CIP）数据

工人运动的杰出领袖·邓中夏 / 闫勋才著. 一长沙：湖南人民出版社，2019. 9（2022. 5）
（湖湘英烈故事丛书 / 蒋祖烜主编）
ISBN 978-7-5561-2243-1

I. ①工… II. ①闫… III. ①邓中夏（1894—1933）—生平事迹 IV. ①K827=6

中国版本图书馆CIP数据核字（2019）第135016号

GONGREN YUNDONG DE JIECHU LINGXIU DENG ZHONGXIA
工人运动的杰出领袖·邓中夏

主　　编　蒋祖烜
著　　者　闫勋才
责任编辑　吴向红
装帧设计　见所创意设计工作室
责任印制　肖　晖
责任校对　李　茜

出版发行　湖南人民出版社［http://www.hnppp.com］
地　　址　长沙市营盘东路3号
邮　　编　410005
经　　销　湖南省新华书店

印　　刷　湖南凌宇纸品有限公司
版　　次　2019年9月第1版
印　　次　2022年5月第6次印刷
开　　本　787 mm × 1092 mm　1/32
印　　张　7.375
字　　数　92千字
书　　号　ISBN 978-7-5561-2243-1
定　　价　28.00元

营销电话：0731-82683348　（如发现印装质量问题请与出版社调换）

前言

湖南是一方红色沃土，素有“革命摇篮、伟人故里”的美誉，诞生了毛泽东、刘少奇、任弼时、彭德怀、贺龙、罗荣桓等老一辈革命家；发生了秋收起义、平江起义、湘南暴动、桑植起义等影响中国革命历史进程的重大事件；无数湖湘革命先辈为中国人民谋幸福，为中华民族谋复兴，舍生忘死、向死而生，留下了可歌可泣的英雄故事。2018年，中央媒体推出的“为了民族复兴——英雄烈士谱”系列报道，对自辛亥革命以来涌现的793位（组）英雄烈士进行集中宣传，列选的湘籍英雄烈士多达95位（组），约占总数的1/8。

湖南始终牢记习近平总书记关于“把红色资源利用好、把红色传统发扬好、把红色基因传承好”的重要指示精神，充分挖掘红色资源，赓续红色历史，凝聚红色力量，用湖南人物、湖南故事、湖南精神教育人、感染人、激励人，凝聚起建设富饶美丽幸福新湖南的磅礴力量。

一切向前走，都不能忘记走过的路；走得再远、走到再光辉的未来，也不能忘记走过的过去。2019 年是新中国成立 70 周年。湖南人民出版社在中共湖南省委宣传部的指导下，组织编写了《湖湘英烈故事丛书》。丛书以“为了民族复兴——英雄烈士谱”系列报道中列出的 95 位（组）湖湘英烈为叙事对象，推出综合本图书 1 种、单行本图书 95 种，集中展现了以 95 位（组）英烈为代表的湖湘英烈群体形象。其中，综合本大致以英烈牺牲（逝世）年月先后为序，用一张或多张图片、一段导语、一篇生平传略的方式组织编排内容，着力勾画英烈形象、提炼英雄精神；单行本以每位（组）英烈单独成册的内容编排、通俗化的故事表达，力求全景式再现英烈的生平事迹、品格风范。

丛书传颂了湖湘英烈“为有牺牲多壮志，敢教日月换新天”的革命精神，为“不忘初心、牢记使命”主题教育，为学习党史、新中国史，为开展革命理想信念教育和社会主义核心价值观宣传教育，提供了一套有思想、有温度的学习参考读物。我们相信，通过阅读这套丛书，广大读者特别是党员干部，一定能深刻认识到红色政权来之不易，新中国来之不易，中国特色社会主义来之不易，今天的幸福生活来之不易，从而内化为砥砺前行、干事创业的精神力量，激发起不忘初心、牢记使命的责任担当。

当前，湖南人民高举习近平新时代中国特色社会主义思想伟大旗帜，始终牢记习近平总书记对湖南工作的殷殷嘱托，大力实施创新引领、开放崛起战略，以一往无前的奋斗姿态，开创富饶美丽幸福新湖南的光辉未来。英雄是民族最闪亮的坐标，革命精神是最好的营养剂。让我们秉承英烈们的崇高精神风范，进一步增强“四个意识”，树立“四个自信”，做到“两个维护”，以英烈精神凝聚湖湘儿女的价值共识和精神追求，为书写中华民族伟大复兴中国梦的湖南篇章做出新的更大贡献。

编　者

2019 年 9 月

英烈小档案

邓中夏（1894—1933），湖南省宜章县人。1917年入北大学习，五四时是北京学联的领导人之一。1920年参加北京的共产党早期组织。1921年初创办长辛店劳动补习学校。1922年任中国劳动组合书记部主任。同年7月出席党的二大，被选为中央执行委员。1923年参与发动和领导京汉铁路工人“二七”大罢工。1925年初领导上海日商纱厂工人罢工。4月，任全国总工会秘书长、宣传部长，组织和领导了省港大罢工。1927年，在党的八七会议上被选为临时中央政治局候补委员。1928年赴莫斯科。1930年回国后，被任命为中共湘鄂西特委书记、红二军团（后改为红三军）政委。1932年，任中国革命互济会党团书记。1933年5月不幸被捕，9月英勇就义。2002年，邓中夏被评为“100位为新中国成立作出突出贡献的英雄模范人物”。

目 录

『小先生』

在五岭南麓的湖南省宜章县，有一个群山环抱、绿树葱郁的村庄，名叫邓家湾。邓中夏（原名邓隆渤，乳名隆顺，字仲澥）就在这里长大。

村前，一条小河缓缓向远处延伸，最后消失在丛林中；村后，苍翠茂密的古树像一道绿色屏障，深邃幽静。村子左面有一幢青砖瓦房，门楣上悬挂着“增经门学”的匾额，这是邓家办的私塾，教书先生是从宜章县城里请来的吴让三。

吴先生五十开外的年纪，颧骨高耸，眼睛深陷，刀削似的下巴挂着一撮胡子。他治学极严，学生稍不听话，就用戒尺惩罚或令学生跪在孔夫子牌位前。

8岁的邓中夏，穿着合体的长袍马褂，嘴里哼着“人之初，性本善……”蹦蹦跳跳地踏进私塾，开始了求学生涯。

邓中夏是全班年龄最小但成绩最好的学生。入私塾前，他已能背诵《三字经》全文和一些唐诗。上学之后，为了帮助小伙伴们好好学习，每天晚饭后，热心的邓中夏就把家里的煤油灯点亮，让大家都到自己家里来背诵课文。每天早晨，他又挨个叫小伙伴们起来读书。渐渐地，“小先生”就成了他的代名词。

一天，先生刚教完《中庸》中的一段，因肚子疼急着上茅房，撂下一句“好好背书”，便急急忙忙地走了。

先生一走，小伙伴们就纷纷离开座位，戏耍起来。有的让小伙伴伸出手摆在课桌上，装作医生的样子开始把脉开方；有的正襟危坐，充当“考官”主持“乡试”……

邓中夏自有欢乐。他离开座位走到先生的讲桌旁，拿起先生的书本，学着先生的样子，摇头晃脑地念起了“吴丝蜀桐张高秋，空山凝云颓不流……”

当眼尖的小伙伴看见先生从茅房回来时，急忙用手指了一下，同学们瞬间溜回自己座位，只有闭着眼睛陶醉在诗情画意中的邓中夏还在那高声吟着“女娲炼石补天处，石破天惊逗秋雨……”

“反了！反了！儒门逆子！”一声大喝让邓中夏惊醒过来。看见先生因生气而微微颤抖的山羊胡子，邓中夏知道不妙，不待先生的戒尺挥过来，一弓身便从先生的腋下钻过去，跑出了教室。吴先生只得把怒气一股脑儿往留在教室的学生们身上发泄：“你们，你们，好大胆，竟敢不敬师长？”

“天不怕，地不怕，就怕戒尺凌空下。”这是“增经门学”小伙伴们编的歌谣。

“看我怎么惩罚你们！”先生手持戒尺，往桌上重重一拍，“背书！”

同学们一听说背书，心里就发怵。邓中夏并没有跑远，当他听到先生用背书来惩罚同学们时，愣住了。他知道戒尺的厉害，往日背不出书的小伙伴被戒尺打得“哎哟”“哎哟”叫喊、小手红肿的场面又浮现在眼前。“是我闯的祸，为什么要连累小伙伴们呢？”邓中夏想着，便走进教室，对生气的吴先生说：“是我带的头，您罚我吧！”

吴先生见邓中夏主动回来，便冲着邓中夏吼道：“拿书来背！”小伙伴们都为邓中夏捏着一把汗，一个个屏声息气地望着他。邓中夏捧着书走上讲台，将书放在先生面前，让先生点了一篇课文。

他没有思索，转过身就一字不漏地背了出来。吴先生点了点头，火气早已消了一半，但还要邓中夏背刚才教过的《中庸》。大家刚放下的心又提了起来，才教过的书怎么能背得出？只见邓中夏不慌不忙地背道：“博学之，审问之，慎思之，明辨之，笃行之……”

小伙伴们悬着的心终于落了地，都以敬佩的眼光望着他。吴先生也高兴地点了点头，心想：这孩子“小先生”的绰号，还真是名不虚传。

邓中夏读完族办私塾后，先后进入宜章县高等小学堂、郴县第七联合中学、长沙湖南高等师范学校学习。在湖南高等师范学校求学期间，他积极投身爱国学生运动，并立下了到北京大学学习的志向。

不寻常的一课

1916年冬，蔡元培被任命为北京大学校长。他到校后的第一次讲演，就是号召学生不要追求升官发财，而要认真研究学问。他从全国聘请了许多著名教授学者，有陈独秀、李大钊、鲁迅、胡适、刘半农、沈尹默等进步人士，也有一些政治上很保守的人物，使北大出现了“思想自由，兼容并包，百家争鸣”的局面。进步思想在这种自由开明的环境中得到了迅速传播和发展。

1917年暑假，邓中夏以优异的成绩考入北大，成为北大中国文学系的本科生。此时，他的名字叫邓康。

邓中夏报考北大，就是为了学习新知识、研究新思想，寻找新的救国救民的道路。北大自由开放的思想环境，使他如鱼得水。他如饥似渴地阅读各种书籍，对那些宣传新思想的书刊更是爱不释手，一有空闲就跑去图书馆仔细阅读。同时，为了多吸收新鲜的思想，他还经常跑到别的班去听课。他对身边的同学说：“听这些老师讲课，我的视野开阔了很多，受益匪浅呐。”

“觉悟的门前，便是刀山剑树，我们是开门呢，还是不开门呢？”此时的邓中夏对新世界与新思想充满了期冀。

当时，中国最早的马克思主义者之一李大钊在北大担任图书馆主任兼经济、历史等系的教授，在学生中享有很高的声誉。邓中夏对他更是推崇备至。

一天，邓中夏路过哲学系楼门口，看见门口的通知栏里写着：“今天下午两点邀请到李大钊先生来我系301教室讲演，欢迎大家前来听课。”

这则短短的消息，让邓中夏兴奋不已。能亲耳听到李大钊先生的讲课，那该是多么荣幸的一件事啊。

下午，他早早地来到哲学系的301教室，没想到教室里已坐了不少人，他急忙找了一个空位坐了下来。

旁边有同学在窃窃私语："听说李先生的讲演相当棒？""是呀，可惜一直没机会听，这回终于实现心愿了。""我听过一次，讲得特别深刻，让人有一种豁然开朗的感觉！"

邓中夏听着他们的议论，心绪也飞走了。李大钊发表在《晨钟报》《新青年》《甲寅日刊》上的文章，是他最爱读的。虽然他没有听过先生讲课，但未谋其面已读其文，对李大钊的好多观点早已有了了解。

"请大家静一静。"主持人打破了教室的喧杂，教室内顿时安静下来，"今天，我们有幸邀请到我校图书馆主任李大钊先生来为我们做讲演，大家热烈欢迎！"

在一阵热烈的掌声中，一个中等身材、约莫30岁的男人，身着一件灰色的长衫，留着两撇浓浓的胡子，戴着近视眼镜，走上了讲台。他用亲切的眼光望着大家，从容开讲。

他的声调不高，以夹带着河北乐亭口音的话语，讲到了国家、民族的危亡，讲到了青年生活的方向。他的情绪越来越兴奋，表情越来越激昂：“……一个新时代的青年，单是做到‘独善其身’‘洁身自好’是不行的。现在的社会，是个黑暗的社会，是个遍体鳞伤的社会，到处充满了痛苦、悲惨、眼泪。我们，一个新时代的青年，能够找一块不沾泥土的地方，偷着去享安乐，享清福吗？这种安乐，这种清福，能称得上是幸福吗？”

邓中夏一下子被震撼到了：李大钊先生说的不正是自己吗？他不禁对自己曾有的独善其身、闭门读书的想法感到羞愧。

李大钊坚定、热情的声音，在邓中夏耳边更有力地震响起来：“……我们要打起精神来，寻着那苦痛悲惨的声音走。我们要晓得痛苦的人，是些什么人；痛苦的事，是些什么事；痛苦的产生，究竟是什么原因。

有的人说，这个痛苦悲惨的地方，我们真是不忍去，不忍看。但是，我们作为一个新时代的青年，却是不忍不去，不忍不看，不忍不去解救啊！”

最后，李大钊又满怀信心地说：“青年啊，只要我们敢于奋斗，敢于拿光明去照彻大千的黑暗，就是有时困于魔境，或竟做了牺牲，也必有良好的效果发生，只要我们有觉悟的精神，世间的黑暗终有灭绝的一天。努力啊，猛进啊，我们亲爱的青年！”

演讲结束后，李大钊拿着讲稿向教室外走去，邓中夏急忙追了上去。

“李先生！”他激动地说，“您讲得真好，很想能亲自得到您的教诲，不知先生有空吗？”

李大钊打量着眼前这个青年：“你是？”

“我是中文系的学生，叫邓康。我很想向您求教一些问题。”

李大钊微笑着说：“‘求教’两字不敢当，我们可以一起研究。白天要工作，晚上一起到我住所交谈，可好？”

“谢谢李先生！”邓中夏心里悬着的一块石头落了地，心头洋溢着无比的快乐。

直到这时，他才真正开始懂得一个人究竟应该怎样做人、一个青年的肩上应该担负怎样的责任。

夜访名师

李大钊是非常谦和真挚的。在北大，他凭借人格魅力，吸引了大批爱国青年。在他的倡导下，北大掀起了一阵学习马克思主义的浪潮。

无数个夜晚，邓中夏在宿舍昏黄的灯光下，一遍遍地读李大钊的《庶民的胜利》《布尔什维主义的胜利》等 。在这些文章的影响下，邓中夏开始研究和接受马列主义，但他现在还有好多问题想不明白，必须登门向李钊求教。夜晚的校园很静谧，邓中夏来到图书馆的藏书楼前。藏书楼有一扇窗子里面的灯光格外明亮，那里就是李大钊的住所。他不再犹豫，上前敲响了李大钊的房门。

“李先生，您好！”邓中夏深施一礼。

“你是白天听课有问题要问的学生？快进来！”李大钊认出了邓中夏，将他热情地迎进了屋子。

“先生，我先做个自我介绍吧：我是中文系的学生邓康，白天很冒昧地问您，晚上又过来请教，真是打扰了。”邓中夏腼腆地站着，有些拘谨。李大钊笑呵呵地说：“来来来，快坐下，我们慢慢聊。”说完，给他沏了一杯热茶。邓中夏慢慢放松下来。

“老师，您的课讲得太好了，我就是想要做您说的那种青年，可是却不知道该怎样去努力？”邓中夏眼里闪烁着渴望的目光，急切地表达着自己的困惑。

“你平时都读一些什么样的书？”李大钊问道。

“我读过您写的《庶民的胜利》和《布尔什维主义的胜利》，让我很震撼。”

李大钊点了点头，微笑着说：“你读过马克思的书吗？”

邓中夏摇了摇头，说："听同学说过这个人，但没有读过他的书。很想读，可是却找不到。"

李大钊站起身，从书架上取下一本小册子递给邓中夏。看着眼前目光炯炯的邓中夏，他亲切地问："邓康同学，读德文原版的《共产党宣言》会不会觉得吃力？"邓中夏顿时不好意思了："我的德文水平不好，读起来一定吃力，所以，以后想多向您请教。"

李大钊微笑着说："我们可以共同探讨，还要和更多喜欢读马克思书的同学一起讨论。俗话说，三个臭皮匠赶上一个诸葛亮呢。"

邓中夏使劲地点点头，开口问道："李先生，我知道您信仰马克思主义，您认为马克思主义能解救中国吗？"

李大钊沉吟了一下，慢慢说道："首先是因为马克思主义本身所具有的高贵品质。它是人类历史上第一部真正为劳苦大众、为平民百姓谋福利、想出路的理论；它使千百万生活在社会最底层的平民百姓和劳苦大众第一次有了自己的思想武器、自己的政治主张。第二个原因是它为我们认识世界、认识中国所面临的问题，提供了无可匹敌的思维方法和启示。由此，我们打开了一扇没有人发现的门、找到了一条没有人涉足的路！”

“这只是我的看法。”李大钊谦虚地说。

李大钊的一番话，让邓中夏对马克思主义有了新的认识。

“先生，我会好好地读这本《共产党宣言》。”邓中夏真诚地说。

“我们都是刚刚接触马克思主义的学说，还有很多的东西需要我们慢慢去理解和领悟，我相信你会很快成长起来的。”李大钊用期待的目光看着邓中夏。

“放心吧先生，我会努力的。”邓中夏坚定地说。

李大钊看着这位学生，心中充满喜悦。他相信只要正确引导，邓中夏必是推翻旧社会的中流砥柱。

在李大钊的帮助下，邓中夏经过深入研究和思考，很快得出了中国革命必须走俄国十月革命道路的结论。他常对朋友说："只有接受马克思、列宁主义，走苏俄的道路，中国人民才能得救。"

第一次罢课

辛亥革命后，日本变本加厉地侵犯中国主权。1914 年底，日本侵占中国青岛及胶济路沿线，取代了德国在山东的权益。1917 年 11 月，俄国社会主义革命改变了原日俄长期争霸我国东北的局面，日本从其仇视社会主义的反动帝国主义利益出发，决定加入对新生的苏维埃政权进行武装干涉的行列，勾结中国北洋政府秘密签订《中日共同防敌军事协定》（以下简称“《协定》”）。根据这个《协定》，北洋政府派军队到俄国的外贝加尔参加帝国主义国家对苏维埃政权的武装干涉，而日本军队则以“共同防敌”为借口，大举侵入我国东北和蒙古的广大地区。

这个卖国《协定》首先引起了广大留日中国学生的反对。他们在东京一家中国饭馆开会，讨论归国挽救的办法。

1918年5月15日，留日学生归国挽救先遣队经天津回到北京，组织了“大中华民国救国团”北京支部，按计划分头到各处进行联络鼓动工作。留日学生总会长阮湘和骨干分子李达、王希天、龚德柏等人负责对北京大学的宣传与联络工作。

他们找到了邓中夏和许德珩。

当时，邓中夏和许德珩正在一起讨论一本书，周围还有很多同学。

“我们是日本留学生‘大中华民国救国团’的。”阮湘和李达等人自我介绍。

接着，他们把北洋政府和日本政府签订《协定》的卖国行径详细地说了一遍。“我们想联络北京各高校的学生一起组织起来罢课游行，抗议北洋政府，迫使政府废止《协定》。”

邓中夏、许德珩等在场同学听后义愤填膺。

“好，为了祖国，你们能从日本回来，我们在国内的更是义不容辞，我们一起来组织罢课游行。”邓中夏坚定地说。

“各高校的学生组织我们都不熟悉，联络起来要费些时间。”李达说。

“联系这事儿包在我们身上，只要确定开会日期，其他学校的学生组织负责人我们去联系。”邓中夏、许德珩等充满信心地说。

商议后，邓中夏、许德珩等人便立即前往各校联系学生组织负责人。

5 月 20 日晚，在邓中夏的组织下，北京大学召开学生大会，其他高校的学生也应邀参加。会上，全体学生决定与留日学生一起行动，21 日上午到总统府请愿。

5 月 21 日清晨，古都北京的大街上第一次扬起了青年学生游行者的大旗。

9点钟，北京高等师范学校的学生最先到达总统府门前，随后是北京大学的学生、高等工业专门学校的学生……他们“整步而来，校旗飘扬”，不一会儿便聚集了2000多人。学生们选出邓中夏、许德珩、李达等10余名代表，要求见代总统冯国璋。

冯国璋一开始不肯露面，但在同学们一浪高过一浪的口号声中，被迫答应在怀仁堂接见学生。按见过程中，冯国璋脸色严厉，前后只让代表们讲了二十几句话。

邓中夏说：“我们要求将《协定》内容向国人公布。”

冯国璋斜了邓中夏一眼，非常不满地说：“事关两国军事机密，不可公布。”

他还煞有介事地说：“外间所传的种种条件并非事实，刚才你们都听了，其内容是一份关于对外作战的计划，现在虽然暂未宣布，但对于国家权利，可以告诉你们没有丝毫损失。”

他指责留日学生：“这些学生纷纷回国，是用国家的钱来买他们捣乱，他们必须尽快回去好好读书，不能搞乱了秩序。”

邓中夏等代表们又一次重申请愿的目的，要求公布和废止这个《协定》。

冯国璋不耐烦了，说：“现在采取的是内阁制，你们找错了人，为什么不找总理（当时段祺瑞任内阁总理，掌握着实权）而来找我？”

学生代表见此，只好退出商议对策。

由于缺乏政治斗争经验，请愿者们以为北洋政府会接受他们的请求，第二天就宣布了复课。实际上，北洋政府不但没有废除《协定》，不久后还与日本签订了实施这个协定的细则。

但北京高校学生的罢课和游行请愿，把反对中日军事《协定》的学生爱国运动推向了高潮，引起了全国各地和海外的很大反响。

邓中夏看着报上刊登的消息，陷入了深思：救国仅凭一两次罢课是无法解决问题的，必须把更多的同学组织起来，开展持久的斗争。

中国第一本学生刊物

1918年夏，在邓中夏等人的活动下，北京大学学生和北京一些高等学校的学生组织了学生救国会。7月，邓中夏他们又联络上海、南京、济南等地学生组织了近乎全国性的学生救国会。邓中夏、许德珩等被推举为学生救国会的负责人。

学生救国会的成立引起了北洋政府的注意，遭到警察当局的严密监视。在不能公开活动的情况下，邓中夏等学生救国会负责人决定创办一份杂志，向全国人民进行爱国反帝宣传，他们将该杂志命名为《国民》。

北洋军阀政府有明文规定：凡二十五

岁以下的青年学生不准自己办刊物。

邓中夏找到李大钊商量此事。

“这样，我想办法找两个年龄够的高年级进步同学做主编，让他们挂名，具体工作由你们来做，你看这样行吗？”李大钊说道。

“太好了，这是一个两全其美的办法，把问题一下子都解决了。”邓中夏很兴奋。

解决了办杂志的门槛问题，但办杂志还得有经费。经费怎么办？

“没有钱，我们大家每人凑一点，众人拾柴火焰高嘛。”邓中夏提出了自己的想法。

同学们你一言我一语，围绕这个话题展开了讨论。最后，大家商定：采取会员制，每人捐款5元。就这样，大家共为杂志社募集了1500余元，暂时解决了经费问题。

经过一段时间的筹备，1918年10月20日，国民杂志社成立大会在北京召开。北大校长蔡元培和《京报》

主编邵飘萍等应邀出席会议。邓康（邓中夏）、黄日葵、高尚德（高君宇）、陈宝锷（陈剑修）、陈钟凡、马骏、许德珩以及张国焘、段锡朋、孟寿椿、易克嶷等担任杂志编辑，邀请李大钊做指导、邵飘萍和徐悲鸿做顾问。

一天下午，同北大出版部主任李辛白谈妥印刷问题的邓中夏一身轻松地回到杂志社。社里只有黄日葵在审阅稿件。考虑到下一步要付款给北大出版部，邓中夏问黄日葵："鲁学琪呢？这几天没看到他。"鲁学琪是杂志社管理经费的，因为他平时节俭，大家都很信任他。

"他已经好些天没来了，听说他喜欢上了一个打扮妖艳的女人，有人看到他经常出入八大胡同。"

八大胡同是什么地方？那是烟花柳巷呀！一种不祥的预感袭上邓中夏心头——鲁学琪会不会动用杂志社的钱去讨好那个女人？他立刻吩咐黄日葵赶快去找鲁学琪。

邓中夏的担忧很快被证实。满头大汗的黄日葵气喘吁吁地跑回来告诉他，鲁学琪为了给那个女人买衣服、买首饰、下饭馆，已经挪用杂志社经费600多元。邓中夏一时懵了。

但他知道，花了的钱是要不回来了，可杂志还是要出的，决不能让大家的心血半途而废，让大家的希望就此破灭。

怎么办？邓中夏慢慢地冷静下来。再让同学们捐款那是不可能的，他们决定向达官贵人募捐。

夜晚，八大胡同路口的一块开阔地上，竖着一块不大却挺显眼的牌子，上写：

本社欲出版《国民》杂志，因经费不足，恭请社会贤达人士伸出援手，以解燃眉之急，不论多少，均致谢意！

北京大学国民杂志社

牌子旁，站着邓中夏等人。牌子前，摆着一个盒子。可连续十来天，他们所获无几。

事情传到了李大钊那里，他把自己仅有的50块大洋捐了出来，还带动一些教授慷慨解囊。

就这样，国民杂志社办刊经费的缺口终被补齐。

1919 年 1 月 1 日，《国民》杂志正式出版。

邓中夏作为杂志社的编辑干事，负责编辑《国民》的主打栏目《国内外大事》。他经常撰写文章，对国内外大事进行评述。仅在 1919 年 2 月到 4 月出版的 3 期《国民》中，邓中夏就以“大壑”的笔名发表了《国防军与日本》《内阁问题》等 8 篇文章，以大量的事实、犀利的笔锋，向全国人民系统地揭露了日本帝国主义收买北洋军阀，妄图控制我国军事、财政，侵占我国领土，吞并中国的阴谋。同时，文章还揭露了北洋军阀头子段祺瑞为扩张势力不惜出卖国家利益的罪行，强烈要求废除中日密约。

在第一次世界大战之后中国学生社团出版的刊物中，《国民》杂志的反帝政治色彩是最浓的，也是中国近代史上第一份学生自己办的全国性刊物。它从三个方面促进了五四运动：一是提高了知识青年的爱国觉悟；二是使青年深感军阀政治的腐败；三是使青年初步察觉到社会制度与组织的不良，初步觉醒了反帝反军阀与改造社会的意识。

五三之夜

1919年4月29日至30日，巴黎和会上通过的关于山东问题的条款，规定“所有在青岛至济南铁路之德国权利”，包括“支路”“矿产”等特权，“均为日本获得，并继续为其所有”。这就是说，帝国主义列强不仅完全拒绝了中国关于敦请归还山东主权等合理要求，而且以牺牲中国利益来满足日本帝国主义的贪欲，使日本在山东的强盗行径合法化。

5月2日，北京大学学生许德珩将从蔡元培那里得知的巴黎和会上中国外交失败的消息告诉了邓中夏。邓中夏义愤填膺，当天下午与许德珩召集国民杂志社的各校代表在北京大学西斋饭厅召开紧急会议，商讨应对办法。

会议采纳邓中夏与许德珩的提议，决定以国民杂志社名义通告北京大学全体同学，于5月3日晚在法科礼堂举行全体学生大会，并邀请北京的大中专学校学生代表参加会议，共商斗争策略。

5月3日晚7时，邓中夏以国民杂志社、北京大学平民教育讲演团负责人身份，与许德珩、廖书仓等同学在北京大学法科礼堂主持召开北大学生大会。北京高师、中国大学、朝阳法政专门学校、工专、农专、法专、医专、商专、汇文大学等13所学校的学生代表参加大会。

蔡元培不仅亲临大会，还报告了巴黎和会上中国外交失败的整个经过。他在讲话中说："巴黎和会的情势，对我国极为不利。列强对日本要在山东夺取我许多权益之无理要求，有认可之意，而我政府将被迫在和约上签字。倘不幸而如此，国家前途不堪设想。"

邓中夏接着发言，他激愤地挥着手说："我们要外争国权、内惩国贼，要求政府拒绝在和约上签字，废除‘二十一条’。我们要抗议，我们要以实际行动反对帝国主义，我们要立即组织游行示威！”

会场上群情激愤，同学们高呼：“我们要游行示威！”“坚决反对在和约上签字！”“收回青岛和山东的主权！”

“同学们，”一个穿西装的同学站起来，向大家摆摆手，有人认得他叫罗家伦。“我有个建议，我们明天到东交民巷，向英、美公使馆递意见书去，要他们改变对中国的态度，主持公理，主持正义！”

一个面容苍白的学生，由于过分激动，脚步踉跄地走上主席台。人们认得他叫谢绍敏，是法律系三年级学生。他刚说了一句“同学们”，便泪流满面，再也说不下去了。

有人想去扶他，只见他“唰”的一声撕下衣襟，咬破指头，在上面写下了几个血字：“还我青岛！”

在激动高昂的气氛里，会议当即作出4条决定：一、联合各界一致力争；二、通电巴黎专使坚持和约不签字；三、通电各省市于五月七日国耻纪念日举行游行示威运动；四、定于五月四日（星期日）齐集天安门举行学界之大示威。

为了准备游行和向世界发通电，会议主持人号召大家踊跃捐献。话音刚落，人们便争先恐后把银圆、铜板、钞票等扔到台上。不大一会儿，就收到了1万多元现金。

大会一直开到半夜一点。

散会后，同学们来到红楼和法科的教室，紧张地忙碌起来，找红绿纸的、弄糨糊的、写标语的、起草宣言的，到处是沸腾的人声。许多同学把自己的床单拿出来，写上了激动人心的口号。

作为第二天游行活动的组织者，邓中夏和许德珩等人在这个夜晚有太多的事情要做。他们忙碌地在校园里跑来跑去，一起拟定标语的内容、起草通电稿，联系其他各校学生组织负责人，筹划和制订游行路线……

在这夜色茫茫的古老京城里，一场划时代的伟大斗争，很快就要爆发了！

火烧曹宅

1919年5月4日上午，邓中夏和各校学生代表一起出席了在政法专门学校召开的会议，会上形成了5条决议：

一、拍电国内外；二、唤醒各地国人；三、预备七日的国民大会；四、组织北京学生对外的永久机关；五、本日下午大家进行游行示威，路线由天安门经东交民巷美、英、法、意四国使馆，转入崇文门大街。

下午1时，邓中夏、许德珩等人率领北京大学参加游行的学生向天安门广场进发。在行进途中，学生们举着"还我青岛""打倒卖国贼"等标语的小旗子，喊着口号，群情激奋。游行队伍走到半路时，遭到了北京政府教育部次长带领的军警的阻拦。

“我是教育部次长！”教育部次长盛气凌人地叫着。然后，他把手一挥，用命令的口气说，“你们不能这样上街去胡闹！”

学生骨干傅斯年大声反驳：“这怎么能叫胡闹？国家都要灭亡了，作为一个中国人，难道不应该问问吗？”

那个次长横眉瞪眼：“胡说！国家什么时候亡了？国家的事是你们能管的吗？国家的事由政府来管，你们赶快回去！”

“政府管？政府就会卖国！”邓中夏挖苦地说。

同学们大笑，高喊：“打倒卖国贼！”

那个次长急得鼻子上冒了汗，喊叫着：“你们是学生，就要好好读书，再这么闹下去会把事情闹大的。你们不怕坐牢吗？”

次长的脸上一阵白、一阵红，开始威胁学生们。

邓中夏厉声说：“自己不爱国，还不许别人爱国，你还是中国人吗？你也想当卖国贼吗？”

“卖国贼！”“卖国贼！”同学们振臂高呼。

次长气得满脸通红，再也说不上话，领着军警们灰溜溜地跑掉了。

当北大同学到达天安门广场时，北京的其他10多所中等以上学校的几千名学生也都齐聚在了这里，五彩缤纷的旗帜迎风招展。口号声此起彼伏，像海浪一样在广场上空滚来滚去。

在集会上，许德珩宣读了北京大学起草的《北京学界全体宣言》：

现在日本在万国和会要求吞并青岛，管理山东一切权利，就要成功了！他们的外交大胜利了，我们的外交大失败了！山东大势一去，就是破坏中国的领土！中国的领土破坏，中国就要亡了！所以我们学界今天去排队到各公使馆去要求各国出来维持公理，务望全国工商各界，一律起来设法开国民大会，外争主权，内除国贼，中国存亡，就在此一举了！今与全国同胞立两个信条道：中国的土地可以征服而不可以断送！

中国的人民可以杀戮而不可以低头！国亡了！同胞起来呀！

同学们群情激奋，热血沸腾。

队伍刚要开始游行，那位教育部次长带着一队官兵和警察又满头大汗地跑来了。他态度强硬地对学生们大声喝道："我是承教育部命令来的，集会到此，从速解散，有事可以派代表来谈。"

邓中夏领着同学们一起高喊："卖国贼！卖国贼！"次长暴跳如雷，挥着胳膊大叫："你们要造反吗？你们要造反吗？"

"造反？"邓中夏讥笑，"我们是反对卖国贼，保卫国家！"

同学们一起高喊："保卫国家！保卫国家！"

次长气得脸色铁青，话也说不上来。他转身向官兵头目使了个眼色。

官兵头目立刻窜到前面，拦住大家，气势汹汹地叫着："我是承大总统命令来的，你们的游行队伍必须解散！”

他一挥手，官兵和警察立即站成一排，企图阻挡游行队伍。

邓中夏领着大家喊起震天的口号：“打倒卖国贼！”“打倒帝国主义走狗！”然后带领学生队伍如怒涛般冲开了官兵的阻挡。

当游行队伍到达东交民巷使馆区时，受到军警的武装阻拦。中国的土地竟不让中国人通过，学生们被激怒了，就是素来温和的同学也压抑不住受帝国主义欺辱的愤怒了。

愤怒的人群像潮水般向曹汝霖家涌去。

游行的队伍浩浩荡荡地来到了赵家楼胡同。此时，曹宅的大门早已紧闭。由于房屋围墙太高，无法翻入，盛怒之下的学生们将旗子掷向院内，高喊：“卖国贼曹汝霖快出来！”

学生的情绪越来越激昂，但无法冲进门去，一个高个子学生心急如焚。这时，他猛然发现大门右侧有一个窗户，便在一个同学的配合下，纵身跃上窗台，从窗口一跃而入。接着，又有四五个同学从窗口爬了进去。他们迅速将笨重的大门打开，学生们一拥而入。

入宅前，有传言说曹汝霖、章宗祥、陆宗舆 3 人正在曹家开会。但大家搜遍了整个曹宅，都没有发现曹汝霖的影子。愤怒的人们撕碎了挂在大厅正中的日本天皇画像，痛殴了两个躲在洗澡间的日本人。随后，大家又在一个杂货间里抓住了躲藏在里面的中国驻日公使章宗祥，将其痛打了一顿。

猛然，外边有人叫起来：“着火了，着火了！”大家抬头一看，只见曹宅上空升起了一团团烈焰。

火越烧越大，转眼就映红了半边天。

大批军警赶了过来，逮捕了游行示威队伍中的 31 名学生。其中，北大学生 20 名，许德珩也在其中。

同学们被抓的当晚，邓中夏就主持召开了学生社团负责人会议，商讨营救被逮捕的北大学生。会上，成立了“北京大学学生干事会”，组织领导全校学生与北洋政府进行交涉和斗争。干事会分工严密，其中分设总务、文书、交际、纠察、讲演等股，邓中夏和黄日葵是文书股的负责人，负责对外的宣传联络和《五七》小报的出版。

参加完会议，邓中夏的心情特别沉重。面对静寂的黑夜，他思绪万千，有一团火在心中翻腾。他拿起笔，写下了这样的诗句：

觉悟的门前，便是刀山剑树。
兄弟姐妹们啊，我们开门呢，不开门呢？
刀山剑树的那头，
便是我们朝朝希冀的地带——
光明和愉悦的地带，
兄弟姐妹们啊，
我们去呢，不去呢？

外交的失败、学生的被捕，让北大学生再也无心上课。

5 月 5 日，在北大学生干事会的号召下，北大学生声援、请愿、罢课活动全面展开。他们要求释放被捕的学生，取消“二十一条”，撤销曹汝霖、章宗祥及货币局总裁陆宗舆等卖国贼的职务。

下午 3 时，邓中夏出席了在北京大学法科礼堂召开的各校学生代表联席会议。会议决定，成立“北京中等以上学校学生联合会”，统一领导全市学生的反帝爱国运动。联合会会址设在北大第二院。学联分为评议、干事两个部。评议部负责议决事项，每个学校出两个人担任评议员；干事部负责执行议案，由北大学生干事会代行职权。邓中夏与理科学生高君宇作为北京大学的代表参加了学联，邓中夏还被推选为学联干事会宣传股主任。后来，他又担任了学联的总务干事。

在社会的声援和学生的游行抗议中，5 月 7 日，被逮捕的学生终于被释放了出来。在北大红楼北面的广场上，北京大学全体学生为被释放的本校 20 名同学举行了隆重的欢迎大会，校长蔡元培也来到会场，对他们表示了安慰和勉励。

邓中夏带领大家齐喊口号：“欢迎英雄归来！”“打倒卖国贼！”

口号声响彻云霄……

狱中吟唱

1919年6月1日，北洋政府以大总统徐世昌的名义发布了两道命令：一道为曹汝霖、章宗祥、陆宗舆的卖国行径进行辩护，一道要求学生立即复课。同时，反动军警在北京街头逮捕大批抵制日货的爱国学生。这更加激起了广大学生的愤怒，北京学生联合会决定从6月3日起大规模开展街头讲演活动。

6月3日，各学校门口都布满了全副武装的军警。学生们无法集体行动，便把小旗子藏在袖筒里，三五成群地走出校门。一到热闹的街头，他们便把小旗子拿出来，开始讲演。

邓中夏率领北京大学平民教育讲演团的成员，在前门箭楼下用桌子搭成临时讲台讲演。前门箭楼这个地方四通八达，便于讲演团成员进退。为了保障大家的安全，邓中夏对讲演团的成员说：“我们三四个人一组，分成几组，分头行动，既缩小目标又便于应付警察和撤离。”

不大一会，邓中夏所在的桌子周围便挤满了看热闹的人。邓中夏跳上桌子，把头发捋了捋，慷慨激昂地讲演起来：“同胞们，我们中华民族已经到了最危急的关头，每个爱国的炎黄子孙，都要赶快行动起来，走上街头和我们一起坚决要求政府拒绝在巴黎和约上签字，严惩汉奸卖国贼！”

讲到激愤处，台下有人把日本制的“台湾帝帽”扔在地上，愤怒地用脚踏得稀烂，以表示对日本帝国主义的抗议。

伴随着一阵凄厉的哨音，几个警察挥着棍子向邓中夏这边冲来。负责瞭望的同学见状，一把将邓中夏从桌子上拉下来，将一顶破毡帽顺势扣到了他的头上。邓中夏混入了人群中。

远处，一个学生又站到另一个台上讲演起来。

警察又连忙向那边跑去，等快到台前时，那个学生又没影了。这边，邓中夏又跳到桌上讲演开了："为维护民族的尊严，国土的完整，誓死不做亡国奴！"

就这样，警察来回奔跑着，累得气喘吁吁，却又毫无办法。群众被学生们的爱国热情所打动，纷纷鼓起掌来。

邓中夏正在桌子上讲着"今天，我要再次向社会各界呼吁，爱国无罪，让我们一起为伟大祖国斗争"，背后忽然有人把他拉了下来。他还没看清是谁，头上就挨了重重的一棒。

几个警察冲过来，抓住邓中夏。他仍在大声呼喊："打倒卖国政府！""打倒日本帝国主义！"

这天，先后有 1000 余名学生遭到拘捕。警察把北大法科礼堂设为临时监所，礼堂关不下了，他们又把理科教室设为临时监所，最后把午门前的大空场也设作了临时露天监所。

傍晚，北大校园里关满了被捕的学生，周围站着荷枪实弹的军警。

邓中夏的衣服被撕破了，脸上出现了几处伤痕，声音也变得有些嘶哑了。但是，他并未在意这些，马上又向看守的警察展开了热烈的宣传鼓动。

“老伯，您孩子今年多大了？”邓中夏见一个年老的警察在门口吧嗒抽着旱烟，就故意搭话。老警察看了看邓中夏被撕烂的衣服和受伤的脸，没有说话。

“您孩子应该和我们差不多大吧？”邓中夏试探着问。老警察还是没说话，只是点了点头。

“老伯，您说，我们上街宣传，不怕被抓坐牢是为了啥？是为了我们自己吗？我们还不是看洋人在中国横行霸道、要霸占我们的土地，我们才起来反抗的吗？”邓中夏声音有些沙哑，说的有些哽咽。

老警察点了点头，其他几个警察也靠近来听，邓中夏心里非常高兴，他的话他们能听进去了。“我们绝不能当亡国奴，我们不能让大好的河山被洋人一块块割去，我们就是要抗争到底，直到卖国贼屈服！”

邓中夏从地上站了起来。他拍打去身上的泥土，仰望着灿烂的星空，吟诵起岳飞的《满江红》：“怒发冲冠，凭栏处，潇潇雨歇。抬望眼，仰天长啸，壮怀激烈……”

被关押的同学也加入吟诵，铿锵有力的声音，汇聚成一股洪流在校园上空回荡……

为了支援被捕的同学，北京学生展开了更大声势的斗争。他们用大车拉了面包、行李往临时监所里面送，鼓励被捕同学坚持到底。同时，涌上街头的学生越来越多。最后，全北京有 5000 多名爱国学生抱着坐牢甚至牺牲的决心，背着行李、提着衣服涌上街头，在各处展开演说，连警察厅门口也成了讲演场。

敌人束手无策了。

段祺瑞政府镇压学生爱国运动的“六三”暴行，激起了全国各阶层人民的愤怒。伟大的工人阶级，以令人炫目的雄姿登上了政治舞台。上海日本纱厂的中国工人首先举行罢工。接着，沪上棉纱工人、印刷工人、码头工人、铁路工人、电车工人、海员，电灯厂、电话局和自来水厂的工人乃至清洁工也纷纷举行罢工，总人数突破了6万。在上海工人斗争的影响下，天津等城市的工人也准备举行大罢工。唐山、长辛店的工人举行了示威游行。与此同时，全国重要城市的商人纷纷罢市。在全国人民的一致强烈反对下，北洋政府被迫于6月10日下令释放全部被捕学生，罢免了曹汝霖、章宗祥和陆宗舆3个大卖国贼的职务。

中国代表最终拒绝在巴黎和约上签字，五四运动取得了伟大胜利。

不久，从北京开往上海的火车上，出现了一个年轻人。他神色兴奋，心情有些激动。这人就是邓中夏。

现在，他作为北京学生联合会的总务干事，前往上海，和上海学生组织取得联系，筹备成立“全国学生联合会”。

列车在飞驰，他也在走向更广阔的舞台……

一阵嘲笑

五四运动之后，随着马克思主义的广泛传播，无政府主义、工团主义等各种社会思潮乘隙而入，李大钊担心有些青年会不辨良莠，走上歧途。

一日，邓中夏向李大钊汇报完少年中国学会的工作，正要起身离去，李大钊示意他不要急着走。

“邓康，我有件事想同你商量。”李大钊郑重地说。

“先生，您说。”邓中夏很是诧异。

“现在经过几年的学习与传播，我认为成立马克思主义研究会的时机已经成熟，不能再拖了。”李大钊认真地说。

“太好了，我也有这样的想法，只是不够成熟，先生这时提出，真是太及时了。”邓中夏异常兴奋。

“现在不仅要研究马克思主义，还要传播马克思主义，让更多的有志人士加入到这个行列中来。”李大钊戴着一副老式的近视眼镜，镜片后闪着坚毅的眼神。

“现在风声很紧，我们这样大张旗鼓地打着马克思主义的旗号，会不会招来麻烦？”邓中夏担心地说。

李大钊说：“你担心的事，我也想过了，为了避免反动政府的干扰，不用‘主义’二字而用‘学说’二字，我们就叫马克思学说研究会。”

邓中夏眉头舒展，高兴地说：“好策略！”

事情就这样敲定了。

蔡元培知道后，特意给他们安排了北大第二院西南角最僻静的一个教室，作为马克思学说研究会的会所。

因为李大钊很忙，实际上马克思学说研究会的具体会务都是由邓中夏负责。

1920年10月，北京共产党早期组织正式成立。最初的成员有李大钊、张申府、张国焘，邓中夏等。11月底，北京共产党早期组织举行会议，推选李大钊为书记。

北京共产党早期组织成立后，邓中夏和李大钊的来往更加密切。他们不仅经常在一起研究马列主义的理论，而且开始研究工人运动的问题。北京共产党早期组织还专门创办了一个指导工人运动的周刊，名叫《劳动音》，邓中夏积极参加了周刊的编辑出版工作。

为了同工人运动相结合，经过研究，大家决定到工人中去进行活动。可是到哪里找工人？找什么样的工人呢？

邓中夏首先找的是人力车工人。他费了九牛二虎之力，才勉强组织起有十来个人力车工人参加的减租会议。但正当他和大家热烈讨论着如何团结一心和东家抗争时，一大队警察拿着棍棒向他们这边跑来。躲避已经来不及了。警察冲上来，一阵“噼里啪啦”地猛砸，车被砸得稀烂，工人也被冲散了。

洋车工人看着被砸坏的车子，都急了。毕竟，车子都是从车行租的，现在要怎么跟车行交代呢？

邓中夏也被这突如其来的一幕弄懵了。在工人的埋怨声中，他把口袋里所有的钱都掏出来，赔给了车子损坏得最严重的人。接着，他把身上的外衣也脱下来，让其他人力车工人拿去当几个钱。

邓中夏穿着短衣狼狈地回到学校。几个看热闹的同学嘲讽地说：“几天不见，工人运动搞得不坏吧？”

邓中夏没有搭理他们，径直走进宿舍。

邓中夏回到屋里，冷静总结了这次教训：拉洋车的工人属于比较散漫的个体劳动者，且受帮会影响，不利于组织。真正要搞工人运动，还是应该到有组织的产业工人中去。

牛不识字一样耕田

1920年冬，李大钊领导北京共产党早期组织，总结了前一阶段在人力车工人、印刷厂工人中开展工作的经验教训，决定走出市区，去产业工人最集中的长辛店。

长辛店，在北京城外西南方向40里。1897年修筑卢汉铁路（后改为京汉铁路）时，清朝邮传部在长辛店建立了一个铁路工厂——卢保铁路卢沟桥厂（因为当时卢汉铁路只从卢沟桥修到保定），1901年改叫“邮传部京汉铁路长辛店机厂”。这个厂有3000多名工人，是我国北方最大的工厂之一。李大钊派邓中夏去长辛店开展工人运动。

不久，邓中夏穿着长衫，和几个北京大学的学生，站在娘娘庙门外的高台上，开始了他来长辛店的第一次讲演。他讲演的主题是“劳工神圣”。他很认真，也充满了激情，但效果并不理想。一会儿，聚集的工人们就纷纷散去了。第一次讲演就这样失败了，邓中夏心中充满了疑惑：“原因到底出在哪儿？”

有人向邓中夏推荐说找史文彬也许能找到问题所在。史文彬是铁路工厂的钳工，喜欢读书、看报。五四运动中，他在长辛店留法勤工俭学预备班学生的影响下，与工友陈励茂等 100 多人举行了长辛店工人第一次爱国反帝示威游行，并担任长辛店铁路工厂救国十人团团长，率领工人到北京参加请愿斗争。

通过别人了解到史文彬的住处后，邓中夏决定去登门拜访。

邓中夏走进史文彬住的院子。在一间平房门口，他看见一个男人正在那里劈柴，模样与别人描述的史文彬相似。

邓中夏上前打招呼："你就是史文彬，史大哥吧？"

那个人抬起头看了过来。这是一个外貌并不出奇的普通工人，小个，圆脸，戴着一顶北方的毡帽。

"是我。你是？"史文彬连忙放下斧头。

"我是北京大学平民讲演团的，叫邓康。"

"快请屋里坐！"史文彬热情地招呼着。邓中夏也没客气，坐定之后，便单刀直入地问道："史大哥，我们那么卖力气地讲，工人师傅为啥不爱听呢？"

"你们说的和咱工人没啥大关系，他们又听不懂，当然不愿意听啦！"史文彬也不藏着掖着。

这话说到了根上，也点出了邓中夏他们脱离实际的问题。

邓中夏陷入了沉思。他想：只有工人认识字，有了文化，才能更好地学习马克思主义，接受新思想。而提高工人觉悟的关键是教他们识字。

想到这里，邓中夏试探着问："我们能不能办个劳动补习学校？现在社会上都在提倡普及平民教育，工人能认点字，是大有好处的。”

史文彬想了想，说：“认字是好事。可眼下什么也没有，厂里也不赞成，可怎么办？”

邓中夏见他面有难色，就请他找几个热心的工友先合计合计。

两天后，邓中夏又来到长辛店，找到了史文彬。史文彬说：“大家认为这么大一件事，光凭几个热心的工人，怕弄不成。”邓中夏和史文彬等几个工友反复磋商后，决定亲自去拜访当地一个颇有势力的工头——翻砂场的邓长荣。据说，这人嘴大舌长，是个贪图名利的人。

一天傍晚，邓中夏特意换了一身比较考究的衣服，走进了一座砖砌的大院，问道：“请问邓长荣先生在家吗？”

北屋出来一个约莫四十来岁的汉子。他头发稀少，尖嘴猴腮，站在高高的石阶上，操着天津口音问：“嘛事儿？”

邓中夏将一封信递上，自我介绍说：“我是北京大学的，有点事，想求先生帮忙。”

邓长荣看了看信皮，见是铁路上一个上层人物写来的，忙笑嘻嘻地说：“哦，请里边坐。”

邓中夏走进堂屋。邓长荣屋内的摆设比一般人家阔气，条几上放着一只洋式大座钟，两边是一对老式花瓶。

邓长荣请邓中夏坐下，细细地看了信，说：“哦，为的是办平民教育。”

邓中夏欠身说：“是的，我听说先生热心社会事业，因此特来登门拜访，请先生助我们一臂之力。”

邓长荣婉转地说：“事是好事，应该支持，不过我最近挺忙的。”邓中夏知道他在要好处，就说：“读书，不单可以使工人增长见识，也可以改造社会风气。目前一些社会热心人士，纷纷赞助此举。如果邓先生对于此次办学，能够慷慨相助，我们想请邓先生也当一个发起人。”

“我也当一个发起人？”邓长荣感到非常意外。

“是的，我们还准备登报、发启事。”邓中夏说。

邓长荣笑起来:“发起人的名字也登报?”

邓中夏说;“是呀,也登报。”

邓长荣大喜:“这是个好事嘛,必须支持。”他还主动提道:“如果需要,我还可以帮你跟长辛店最有势力的火柴房大总管郭福祥说说,他也是很开明的人士。”

“那太好了,就有劳邓先生了。”邓中夏没想到事情办得这样顺利。

北京大学要在长辛店开办劳动补习学校的消息,很快就传开了。

北京大学学生会为劳动补习学校捐了一笔开办经费,史文彬用这笔钱租了长辛店大街当铺口胡同3间平房作为校舍,外边两间连通成一大间,比较明亮,作为教室;里面一小间较暗,有个土炕,作为教员宿舍。学校开办经费少,买不起桌椅板凳,史文彬就去募捐。热心人士献出10多条板凳和多张缺胳膊少腿的桌子,邓中夏请来木匠师傅将它们修好,把教室“装备”

起来了。

万事俱备后，劳动补习学校还缺一个长驻教员。邓中夏就请了北京大学旁听生吴容沧来担任。

在编写工人识字课本时，邓中夏又根据工人生活、劳动的情况，把工人劳动常用的工具、器物，编在课本上，让工人知道“老虎钳”3个字怎么写，“锉刀”是哪两个字。

邓中夏日夜在各处奔波，常常忙得连吃饭和睡觉都顾不上。饿了，拿起窝窝头就啃；困了，往炕上一躺，立刻就打起鼾来。

在这段时间里，邓中夏对工人的感情和工人对邓中夏的态度，都发生了很大变化。一开始，工人称邓中夏为“先生”，邓中夏称工人为“师傅”。后来熟了，就以绰号相称。邓中夏称史文彬为“麻哥”，史文彬称邓中夏为“邓大炮”。

1921年元旦，长辛店劳动补习学校召开成立大会。1月5日，学校开课。

劳动补习学校的教师由邓中夏在北京大学学生中挑选，以北京大学学生会名义派往学校。邓中夏自己每周去讲两次课。

开始的时候，来劳动补习学校学习的人并不多。

有的工人说：“耍手艺的人，学这有什么用？”

有的工人说：“我也不想往上巴结，费那个事干什么？”

有的工人甚至说：“要给窝窝头，就去。”

邓中夏给工人们讲了这样一个故事：“从前，有一个地主，家里雇了一个长工，这个长工苦了大半辈子，四十几了，才娶了媳妇、生了儿子。儿子长到12岁，长工回想自己吃了一辈子苦，一个大字不识，就要儿子去念书。这事让地主知道了，把长工找来，稀罕地问：‘你想让儿子念书？’长工说：‘是的，穷人认几个字也好，不念书没记性哩。’地主冷笑起来，说：‘穷人有气力不就行了？牛不是不念书吗？牛不认字，不也一样耕田？’”

工人们听后，激动起来了。他们回到厂里和别人一说，其他工人也都气得要命，不少人都跑来念书了。

自此，来劳动补习学校听课的工人越来越多。

除邓中夏外，北京共产党早期组织的其他成员，如张太雷、张国焘、何孟雄、张昆弟、朱务善等，也常去劳动补习学校讲课，向工人说明资本家的压迫剥削是工人贫穷落后、受苦受难的根源，指出将工人组织起来的意义和方法，并向他们介绍外国工人斗争史。他们的讲课深入浅出，富于启发性。课后，他们还深入工人家里拜访谈心，深受工人们的欢迎。

邓中夏等人去长辛店讲课时，还将《工人周刊》《共产党》等杂志带去给工人阅读。他在课堂内外大讲革命道理，号召工人组织起来。在这里，他把自己的名字改为了邓中夏。

在邓中夏和教员们通俗易懂的启蒙教育下，工人们的眼睛越来越亮，多少年来蒙在他们眼前的迷雾像被春风吹散了一样。除了上课，劳动补习学校还是“工人之家”。每逢星期天，工人们都到学校来，在驻校教员的风琴伴奏下，唱起自己喜欢的歌：

如今世界不太平，重重压迫我劳工。

一生一世作牛马，思想起来好苦情。

北方吹来十月的风，惊醒我们的苦弟兄。

无产阶级起来了，拿起铁锤去进攻。

红旗一举千里明，铁锤一砸山河动。

只要我们团结紧，冲破乌云满天红。

在邓中夏等人的宣传教育下，长辛店工人群众的阶级觉悟显著提高。增加工资、缩短工时、成立工会等成为工人们的诉求。这为长辛店铁路工会的建立准备了必要的条件，中国北方工人运动从此开展起来。

邓中夏创办长辛店劳动补习学校的“目的在于组织工会”。因此，长辛店劳动补习学校开办不久，北京共产党早期组织就决定把长辛店作为开展工人运动的据点，建立北方第一个产业工会，并把这个任务交给邓中夏等人。

1921 年 4 月，邓中夏多次来到长辛店，同史文彬、陈励茂、王俊等进步工人商量办工会的事。大家一致同意在劳动补习学校的基础上，建立长辛店铁路工会。

邓中夏从实践中认识到，工头直接压迫工人，工头和工人之间存在根本的利益冲突，不能让工头参加工会。他和史文彬等提出将工会的入会条件、组织机构、组织名称等交给广大工人讨论。

长辛店铁路机器厂、修车厂、工务厂的工人代表经过讨论后，召开联席会议决定：入会条件是“三要三不要”，即要拿榔头的、要拿斧把的、要拉大锯的，不要工头、不要员司、不要路警；组织机构方面，每个工厂选出一个干事，10 个工人组成一个小组；组织名称方面，将工会名称定为“工人俱乐部”，以示与工头组织的工会不同。同时，他们还选出史文彬、杨宝昆、王俊、李玉、杨宝仑、康景星、赵文元、陈励茂、洪永福、张德惠、吴春熙等 11 人为工人俱乐部委员，组成委员会，史文彬为委员长。

1921 年 4 月 9 日，京汉铁路长辛店工人俱乐部成立大会在上坡店召开，1000 多人参加大会。邓中夏从北京赶来参加会议。京汉铁路、陇海铁路等各路工人代表也派代表参加了大会，各路工人代表在会上发表演说。他们演说的时候，鸦雀无声；演说之后，掌声如雷。大会开了 3 个多小时，大家群情激奋。会议结束时，工友们燃放鞭炮，高呼“劳工神圣”口号，口号声、鞭炮声震天动地，盛况空前。

5 月 1 日，长辛店工人举行纪念五一国际劳动节大会。劳动补习学校的学员排着整齐的队伍，走上台去，高唱雄壮有力的《五一纪念歌》：

美哉自由，世界明星。
拼吾热血，为他牺牲。
要把强权制度一切扫除净，
记取五月一日之良辰。
红旗飞舞，走光明路。
各尽所能，各取所需。
不分贫富贵贱，责任唯互助，
愿大家努力齐进取。

接着，大会主持人史文彬作“为什么要组织工会”的报告，并宣布长辛店铁路工会正式成立。工人们欢声雷动，从会场娘娘宫出发，绕长辛店游行庆贺。

这一天，邓中夏和工人们一起开庆祝会、一起游行、一起看戏。晚上，他住在一个老工人家里，与几个工友谈到深夜。

第二天回到北京大学，邓中夏仍兴奋不已，一气呵成，写出一首长诗——《游工人之窟》，真实记录了他在长辛店的所见所闻，反映了劳动补习学校和长辛店工人运动的可喜成绩，歌颂了劳动，特别是热情讴歌了工人阶级，对中国工人阶级的未来满怀希望和信心。

…………

好啊！
曾几何时，
劳动学校有这么可喜的成绩。
“开始也简，
将毕也巨”，
我于此更相信唯人力为伟大。
看啊！

世界不是劳动的艺术品吗?

没有劳动,

就没有世界。

海之外已奔腾澎湃起来了,

海之内呢?

诚实的辛苦的工人们!

这首诗长达 90 多行，最后的部分是邓中夏回忆在“工人之窟”中和工人亲如兄弟、促膝谈心、共商革命大计的动人情景：

丁昌润,

赵盛宗,

吴敏珂,

张淳和我,

坐灯光底下,

作扪虱之谈。

“人生”,

“社会”,

“阶级斗争”“世界共产”，
都是我们的话料。
奈勤勤恳恳的邻鸡，
一声声催我们睡去。

一天，邓中夏正在北京大学的宿舍里写东西，史文彬从外边闯了进来。

邓中夏见他神色不安，忙问：“怎么了？”

史文彬气愤地说：“一个工头开出条件，让工人日夜加班，突击承包活。干完活后，他答应的条件一项也不作数了。这不是欺诈吗？我们该怎么办？”

原来，长辛店铁路修车厂一个工头以“奖金均分”“短工转长工”为条件，让工人日夜加班，突击承包活。但活干完后，工头对原来答应的条件一字不提，引起工人极大愤慨。

史文彬怒气冲冲地说：“大伙都气坏了，也有些人敢怒不敢言，我看得给这小子点厉害瞧瞧，给大家壮壮胆，不然咱们的工会就没有人再参加了。”

邓中夏说："别忙，办什么事，最重要的是先要占住理，才能得到群众和社会舆论的同情。"

史文彬说："那怎么办？"

邓中夏想了想，说："你们可以先在报上揭发他一下。"

不久，北京《工人周刊》果然登出了一篇揭露黑心工头的文章。

没有两天，史文彬又匆匆跑来："工头看到文章气坏了，咬定是厂里工人写的，今早在工厂训话了，公开说原来答应给的就不给你们了，看你们能把老子怎么着吧？"

邓中夏站起来，斩钉截铁地说，"好，他既然把话说出来了，就亏了理，咱们就可以让他认识认识工会的力量。老史！这次斗争是头一次，不但关系到咱们工会的存亡，也影响到今后整个京汉铁路工运的发展，要取得胜利才行！"

"对，决不能让这小子得逞，打掉他的嚣张气焰！"

史文彬两眼发光。

接着，邓中夏和史文彬研究了一些具体办法。史文彬迅速赶回长辛店，召开了各小组会议，作了周密部署。

第二天一大早，铁路修车厂院内站满了工人，大家三五成群地唠着家常，谁也不进车间干活。

工头一看这情形，提高了嗓门喊着："进车间干活的不予追究，不干活的就地开除。"

但大家就像没听到一样。

一计不成，工头又生一计："进车间干活的，发双倍工钱。"

听到有双倍工资，有工人想去，但被旁边的人给拉住了，小声说："还想上当，我们在这干啥哩？"

于是，大伙儿继续聊天。

机车修理是耽误不得的，不能及时维修好机车，铁路无法运行。两个小时过去了，工头的额头沁出了汗珠。

他找到史文彬，声音颤抖着说：“史兄弟，你帮帮忙好吗？赶快复工吧，有啥要求好说。”

“那好，你原来答应工人的‘奖金均分’和‘短工转长工’能不能兑现？”史文彬大声问道。

“只要开工，全部答应，全部答应！”工头一边说一边擦着满脸的汗水。

“好，大家都听到了吗？”史文彬冲工友们喊道，

“听到了！听到了！”大家齐声回应。

大伙乐坏了。

这一来，整个长辛店都轰动了：工会把工头彻底制服了。

中国劳动组合书记部出版的《劳动周刊》及《劳动音》等刊物，把长辛店工人俱乐部、工会成立的消息及其取得的一系列斗争成果及时地向外界做了报道，引起全国工人特别是北方工人的极大关注。北方各铁路工人“油然而生羡慕之心”，“仿佛觉得长辛店是工人的‘天国’，于是各处纷纷派代表前来参观”，“回去

后也模仿长辛店组织起俱乐部、工会”。“影响所及，自北而南，蔓延到各站。”

为帮助各铁路工人建立工会组织，邓中夏要求长辛店俱乐部派出工会干部到各地传授经验，从此“北方各铁路都开始有了工会组织的萌芽”。

邓中夏等人领导建立的长辛店铁路工人俱乐部、工会，是中国现代产业工会的创举，奠定了北方工人运动的基础，打开了中国工人运动的新局面。

坚定的信仰，让邓中夏豪情万丈地行走在革命的道路上。在 1921 年 3 月 13 日主持召开的少年中国学会北京总部的常务会议上，邓中夏因为已经接受了保定直隶高等师范学校（以下简称“保定高师”）国文教授一职，向会议提出辞呈，去保定教学。

处理完少年中国学会的事务后，邓中夏从前门火车站乘坐早班的火车，赶到保定直隶师范学校报到，开始了他为期 3 个月的短期教学。尽管只授 3 个月的课，但是邓中夏还是将准备好的教材油印本带到了学校。

来到保定，邓中夏明显地感到新文化运动的浪潮在这没有留下一点痕迹，连一点浪花都没有溅到这里。他决心改变这种状况。

上课第一天，邓中夏面对正襟危坐的学生，满怀激情地对他们说：“高等师范以新文学教授名义聘请我，说明学校对新的思想潮流的肯定，尽管我没有在正规院校里教过书，缺乏讲课的经验，但我仍然希望把关于新文化的一些概念和内容讲给大家听。”

邓中夏的课在学生中引起强烈反响，犹如在一潭死水中投下一块巨石，在保定高师校园激起了冲击封建势力的层层涟漪。

一天,邓中夏刚下火车,就被一名学生拦住了去路。

“邓先生，我在这等您好久了。”拦路的学生给邓中夏鞠了一躬。

“你是？”邓中夏打量了一下眼前这个学生。只见他中等身材，圆脸，胸前佩戴着一枚校徽。

“我是育德中学的学生，我叫王锡疆。”

“听高师的学生说起过你。”

“邓先生，我想请您给我们学校学生做一次讲演。”王锡疆诚恳地说。

“好呀，你准备什么时候请我去？”邓中夏问。

王锡疆紧张的心情放松了，他没想到邓中夏这么痛快就答应了。

“明天下午吧！”王锡疆高兴地说。

第二天上午，育德中学校园里贴出了一张海报，上面写着：今荣幸地邀请邓中夏先生于下午5时，在我校礼堂讲演《文学与社会》，欢迎光临。

下午，礼堂里座无虚席，到处是兴奋的学生，一些老师也坐到了前排。

邓中夏身穿浅蓝色长衫，健步走上讲台。环视了一下礼堂内的师生，他从他们那充满期待的目光中，感受到了自己肩上的担子。

“文学是什么？是唤醒人们的觉悟，鼓舞人们的信心和勇气的一种有力工具。可是，有的人在研究文学的时候，忘却了社会、忘了社会的改造。我们在座的每一位有志于研究文学的青年，要大写社会的生活、描写社会的实际生活、大写改造的文学，表现我们中华民族的伟大精神，达到唤醒民众的目的。这是我们当前的主要任务。”

为了让学生们更多地了解文学革命和社会革命的关系。邓中夏用生活中的事例，联系穷和富、民和吏、民与匪、民与军阀等社会问题进行讲解。他说：“社会好比是一间房子，已经东倒西歪，行将倒塌了，是整体改造还是零碎修补呢？只有重新建造，才能根基稳固，不然就算是天天修补也会倒塌掉的。”

说来也巧，当时直系军阀、“保定王”曹锟正在保定南关修建花园。他倚仗权势，将花园附近老百姓的田产、住宅、树木、墓地等统统霸占，收归已有，逼得那些百姓家破人亡。邓中夏一针见血地对学生们说：“曹锟就是强盗和土匪，他巧取豪夺人民的生命财产，却不受法律的制裁，法律对于他，就是狗屁的一纸空文，起不到任何的作用。”

邓中夏在讲演中旁征博引，以辩证唯物主义的观点来分析人、分析人的思想、分析社会和历史的变迁，为学生们人生观的形成指明了一个方向。他渊博的学识和对问题鞭辟入里的精湛分析，让学生们大为折服，开阔了同学们的眼界，震撼着同学们的心灵。

最后，他对同学们说：“为了理想，为了中国的未来，宁可做为真理和正义而牺牲的一个被烧死、被钉死、被杀死的少数人，也不做为贪图荣华富贵的走狗和卖国官。我们要的是思想的自由，在艰苦的斗争中，我们要有敢说敢做的勇敢的精神。”

邓中夏的讲演结束后，师生们报以经久不息的掌声。

走出礼堂，王锡疆陪邓中夏来到一个小饭馆，他们要了两碗面条。

王锡疆趁机对邓中夏说：“邓先生，您讲得太好了，但您不可能总来讲，那平时怎么做，才能让新思想传播得更快呢？”

“你提的这个问题，还真是个问题。在中学怎么让新思想传播得更快，我也没想过，不过我们可以一起想办法。”

“行，先生能借本书给我看吧？”

“可以，可以。”邓中夏边说边去包里取书。

他摸到书的手突然停住了。

“锡疆同学，你能在校园里开一个书报贩卖部吗？”

“开书报贩卖部？”王锡疆一头雾水。

“对呀，你不是要更广泛地传播新思想吗？”

“哎呀，我明白了！”王锡疆一拍脑门，恍然大悟。

“书报从哪里来呢？”王锡疆刚高兴了一半，就又遇到了问题。

“哈哈，你不知道吧？我就是办报办刊的出身，包在我身上了！”邓中夏拍了拍王锡疆的肩膀。

“来吧，赶紧吃面，都凉了。”邓中夏赶紧招呼王锡疆。

两个人都会心地笑了。

几天后，育德中学书报贩卖部悄悄开张了，秘密出售《新青年》《共产党宣言》……

不久，在邓中夏的领导下，保定高师学生也成立了“新文化研究社”“新教育协进会”“国语文学研究会”等进步社团。

邓中夏还介绍王锡疆、张仲毅、阎仲拥、余世淆、王新邦等进步学生加入了中国社会主义青年团。

1921 年 6 月，根据共产国际代表马林的建议，上海共产党早期组织通知各地共产党早期组织分别派两名代表赴沪参加中国共产党第一次全国代表大会（以下简称“中共一大”）。当时，北京共产党早期组织有 10 多名成员，邓中夏作为北京共产党早期组织的重要成员，被推举为中共一大代表。但是，邓中夏此前已定好 7 月初到南京参加少年中国学会年会，7 月中旬到重庆讲学，不能分身参加中共一大。因此，北京共产党早期组织便推举张国焘和刘仁静出席中共一大。

邓中夏虽然没有出席中共一大，但他为北京共产党早期组织出席中共一大作了大量的准备工作。6 月 18 日，他受李大钊的嘱托，与刘仁静到北京碧云寺为北京共产党早期组织出席中共一大准备包括《北京共产主义组织给中共一大的报告》等在内的所有文件。6 月 28 日，他与刘仁静等一起乘火车南下，前往南京东南大学出席少年中国学会年会。7 月 4 日，少年中国学会年会结束后，他立即赶赴上海，到法租界博文女校中共一大代表驻地，向大会组织者递交了《北京共产主义组织给中共一大的报告》。在博文女校，邓中夏同各地派来参加会议的代表一一交谈。同时，他结合北京共产党早期组织的工作经验，对中共一大的目的、宗旨、日程等提出设想，协助中共一大会务总管王会悟做好大会的各项准备工作。

劳工神圣

1922 年 5 月，邓中夏出席了在广州召开的第一次全国劳动大会，当选为中国劳动组合书记部主任。7 月，他到上海参加中国共产党第二次全国代表大会，当选为中央委员。

中国劳动组合书记部被上海租界工部局查封后，中共中央决定，中国劳动组合书记部迁址北京。邓中夏又回到北京，并直接指导长辛店铁路工人的斗争。

一天，邓中夏来到长辛店工人俱乐部，听取了委员长史文彬对工人运动的汇报。他们商量，要继续发动大家起来斗争，决定先让大家讨论“工人最大的痛苦是什么？希望怎样解决”等问题。

夜晚，俱乐部的屋里挤满了衣衫褴褛的工人。

史文彬站在人群里沉痛地说：“工友们！咱们工人太痛苦了，每天累死累活，得了些什么呢？没得吃，没得穿，连说话的权利都没有……不能再忍气吞声地过下去了，咱们得要求过好的生活。”

一位被生活重担压得驼了背的老工人，激动得嘴上的胡须直抖，他颤巍巍地说：“我也不要什么好生活，我也不要吃香的、喝辣的，你看，我一个老翻砂工，一天只挣两毛小洋，一家七八口，够吃不够穿，够穿不够吃，每天能加一毛，我也可以松口气！”

人群里有人喊着：“真活不下去了！”

这时，又有一个工人站起来说：“光加钱也不行！每天做工顶星星来、顶星星去，孩子长大了，连爹都不认得……要不减少钟点，累也得把人累死！”

邓中夏听着，心绪难平。他告诉史文彬：“还有什么话，让大家尽量都说说。”

“好！”史文彬答应一声，站了起来，“大伙还有什么要求，都来说说。”

一个小伙子用拳头捶着胸口喊：“加钱不加钱先不说，我给总管干了半年活，才让我上了工。这会儿两三年了，还是个短牌（即临时工），好歹得给我换个长牌（即正式工）呀！”

“对，要求换长牌！”人群里有人响应。

工人们争先恐后、七嘴八舌地提出各种要求，邓中夏一边认真地听，一边用笔记着。

工人们说完后，邓中夏把一张写满字的纸交给史文彬，说：“你给大伙念念。”史文彬接过纸，站起身来摆摆手，等大家安静下来，便开始念：“工友们，现在我把大伙提的条件，念给大伙听听。第一，要求每人每天加一毛钱；第二，要求短牌换长牌；第三，要求把总管郭长泰等5个当头的撤了；第四，要求改8小时工作，1月歇4个礼拜天；第五，工人退休、死亡，子女可以上工；第六，要求厂方给工人盖住房。工友们，还有其他要求吗？”

人们热烈地鼓掌欢呼。

这时，一个工人闯进来，大声说：“我让上边开除了。怎么办，我就不活了？”

“对，对！”大伙七嘴八舌地说，“再添一条，俱乐部可以推荐人。”

“还有，”邓中夏举起胳膊，“工友们，我提议第一条再加两个字——‘全路’，将‘要求每人每天加一毛钱’，改成‘要求全路每人每天加一毛钱’。天下工人是一家，我们不能光为自个儿。要吃，大家都有得吃。”

有的工人开始小声议论：“邓先生想得这么广，真是好样的。”

邓中夏说：“现在已经有了7条，大伙要没说的，我再添一条：承认俱乐部有代表工人的权利。有了这条，那7条就不会落空了。”

“好，好！8条，8条！”大伙纷纷表示同意。一个老工人有点不安地站起来问：“邓先生，咱们工人就凭一个锤头、一把钻子，又没洋枪、大炮，上边要是不答应，怎么办？”

“我们就罢工！”邓中夏把拳头有力地一挥，“香港的海员，不是也没有洋枪、大炮吗？可是他们一罢工，资本家就傻眼啦！上边要是不答应，咱们就罢工给他们看看！”

“对呀！对呀！要给就给他个厉害的！”工人们一致同意。

第二天，工人们就把8条要求递交给了铁路当局。

一天，两天……一个月过去了，俱乐部一直没有得到答复。怎么办？邓中夏和史文彬等开会商量。

邓中夏说：“这是铁路局故意拖延我们，想不了了之。我们不能这样被动，要做罢工的准备。”

史文彬说：“邓先生，你就说咋办吧！我们不能这样耗下去，时间再长一点会影响我们在工人中的威信。”

“是这样，我们必须采取行动！递最后通牒！如果最后通牒还没有答复，就举行罢工！”邓中夏果断地说。

“好，就等你这句话呐！”史文彬有些激动地说。大家都紧握拳头，表示赞同。

邓中夏满脸凝重地说：“为了使罢工更加顺利，我们要建立几个组织，更好地指挥罢工。”

大家都盯着邓中夏。

邓中夏不慌不忙地说：“要组织纠察队、讲演团、调查团，做好罢工斗争的准备。”

随后，他们仔细地敲定了纠察队、讲演团、调查团的人选和斗争的策略。

1922 年 8 月 22 日，工人俱乐部向京汉铁路管理局局长赵继贤下了“最后通牒”，限他 24 小时之内给予答复，否则罢工。

收到“最后通牒”，铁路管理局一面答应在 8 月 23 日给予圆满的答复，一面继续采取置之不理的办法。他们认为工人是闹不出什么名堂来的。这下更惹恼了铁路工人。

8 月 23 日夜，长辛店工人俱乐部内灯火通明，

100多名工人聚集在这里开会。

邓中夏朗声说道："工友们！铁路局到现在还不答复我们的要求。他们以为我们像以前一样，只知像牛马一样地替他们干活，忍辱负重，这次也不会怎么着，因此对我们的要求置之不理。我们答应吗？"

"不答应！不答应！"工人们一起高呼。

邓中夏继续说："好！为了达到目的，我们要举行罢工。大家以汽笛为号，汽笛一响，我们立刻罢工。这不仅是为了长辛店工人的利益，也是为了全路两万多工人的利益。我们一定要团结一致，争取罢工斗争的胜利！"

工人们一起高呼："团结一致，坚决罢工！"

口号声划破夜空，传得很远很远……

8月24日清晨，汽笛长鸣，响彻云霄。

长辛店铁路工人罢工开始了。工人们丢下工具，像潮水一般涌出了厂门。工人纠察队把厂警们撵走，将所有的电话线切断、电门卡死，重要的地方全部安排纠察队员站岗，不让一个工头、总管出入。

长辛店车站内，工人们在进行着更为激烈的斗争。

工人们撵走了站长，将开来的一列火车截住，拆得七零八落。

不久，从远处又开来一列火车。

工人们摇着旗子，站在铁道上高喊："停车了，停车了！"但是，火车还是飞快地奔来。

"军车！看，车头上还有拿枪的！"有人惊骇地叫。

"不要怕！"史文彬大声喊着，"什么车也不能让它开过长辛店！"

工人们拼命地挥动小旗，可是火车依旧没有减速，而且越来越近。

纠察队队长葛树贵一看不好，扬着胳膊大叫："冲啊，就是把咱轧成几截，也不能放过啊！"

他英勇地扑到铁道上。

人们紧随着他扑到铁道上，躺下一大片。

在长辛店工人大无畏的自我牺牲精神面前，同为工人阶级的火车司机紧急刹车。兵车在距离纠察队员几步远的地方停了下来。

一个站在司机室门口的军官拔出手枪，冲着工人喊："散开！散开！不散开，我就开枪了！"

工人纠察队队长葛树贵迎着枪口走上前说："你要开枪，今天就试试？要打，朝我胸膛打！"那个军官被葛树贵的英雄气概镇住了，不知所措。一些纠察队员迅速摘下火车车厢挂钩，把火车头开走。工人讲演团的成员唱起邓中夏教给他们的《当兵谣》：

当兵离乡，最怕打起仗。

打起仗，回不来，怎能见爹娘？

老乡见老乡，眼对眼，泪汪汪。

小米饭，破军装，辛苦劳累，挨打受骂，为的是哪桩？

谁无妻子，谁无爹娘，问你怎么能够忍心来开枪！

接着，工人讲演团的成员向士兵们讲述工人被逼无奈、为了活命而不得不罢工的道理，并利用吴佩孚"保护劳工”的口号，说明工人罢工是合法的。

那些生在穷苦人家、为混饭吃而出来当兵的人，听了《当兵谣》和罢工工人的讲演，一个个慢慢地放下了手里的枪。

赵继贤得知情况后，被迫派代表与长辛店工人俱乐部代表邓中夏、史文彬等人谈判。

谈判结果，赵继贤只同意工人们所提 8 条要求中的 7 条。邓中夏他们立即召开会议讨论答复意见。

大家不约而同地反对道:“不行！不行！不能答应。”大家把目光投向了邓中夏。

邓中夏看了看大家向他投来的目光,坚定地说:“我们罢工,提出合理的要求,干的是京汉铁路工人的事情,是给全铁路的工人谋幸福的事情。今天，京汉铁路局既然答应了 7 条，就说明我们提的有理，他们已经开始让步了。他们不答应的那一条，是对我们路工最有利的一条——‘上人归俱乐部’，他们要是答应了，那就把下面的官僚在上人时的腐败路子给堵死了。但这一条对交通部、对京汉铁路局有利，因为我们俱乐部‘上的人’，肯定是手艺最好的人。我们要强调‘上人归俱乐部’的重要性，对工厂、对铁路有利的理由。只要我们坚定决心，路局的官僚就会答应。”

邓中夏说完后，史文彬、刘老贤、高顺田、辛克洪等一致表态：“不同意全部 8 条就罢工不止。”

这时，又有消息传到赵继贤耳朵里：南段各站也准备举行罢工。赵继贤害怕罢工扩大到全路，造成更大的损失，被迫答应了工人提出的全部 8 条要求。

罢工坚持了两天，最后取得了胜利。8 月 26 日，俱乐部宣布正式复工。

1922 年 8 月 27 日，在长辛店娘娘宫，鼓乐鞭炮齐鸣，3000 多名工人聚集在一起，举行庆祝罢工胜利的大会。

邓中夏面对情绪高涨的工人们，激动地说：“工友们！兄弟、父老、姊妹们！在这次罢工斗争中，大家表现了良好的组织性、纪律性以及不怕牺牲、勇往直前的精神，这种精神将鼓舞我们继续前进！”

会后，声势浩大的游行开始了，队伍前边高高挑着一面大旗，上边写着4个金字：“劳工神圣！”邓中夏和史文彬精神抖擞地走在队伍前面。

这次京汉铁路8月罢工，虽然只限于长辛店一站，但影响却很大，极大地鼓舞了铁路工人团结斗争的决心和勇气。

一封血书

长辛店工人8月罢工的胜利传遍各地。接着，山海关机器厂罢工了，粤汉路武长段罢工了，消息一个接一个传来。劳动组合书记部里，邓中夏成天忙于开会、写信、谈话、派人出去……

受各地罢工胜利的影响，唐山开滦矿区也传来了好消息，唐山、赵各庄、林西、唐山庄、马家沟五矿工人开始觉醒，他们要反抗中外资本家残酷的剥削和压迫，在共产党员彭礼和、工人领袖孙家耕等领导下向矿局提出了8条要求：

1. 提高工人待遇，工资增加百分之三十；2. 年节花红应给一个月（原里工半个月、外工没有、员司一月的四分之一)；3. 上工就有煤条；4. 改为 8 小时的工作制；5. 工人正式组织工人俱乐部（即工会），矿务局得承认；6. 不经工会同意矿务局不能无故开除工人；7. 设立澡堂、办学校；8. 因公负伤矿务局负责医治，因公致命矿方应给 5 年工资的抚恤金。

工人们在写着 8 条要求的请求书上联名签字，约定如果矿局不答应，就立即罢工。结果矿局拒绝了工人们的要求，忍无可忍的工人们在 10 月 23 日开始大罢工。

这天，邓中夏正在劳动组合书记部内回复一封信，忽然，开滦煤矿工会的一个工人找来。

“是邓主任吗？我是开滦煤矿的。”那人声音很急。

邓中夏上前握住他的手，热情地说;“快进来，是我，你们准备得怎么样了？”

“已经全部罢工了！”

邓中夏心中一沉，手不由自主地抖了一下：“怎么这样快？”

“我们等不得了，”工人说，“大家见矿局不答应我们的条件，又见各处罢工都取得了胜利，所以今天就全都罢工了。”

“一切都安排好了吗？”

“已经组织了纠察队，在各处活动。”

“工人的生活怎么安排的？”

“这个还没有考虑。”

邓中夏“腾”地从凳子上站了起来，焦急地说：“这可是重要的事啊！工人 罢工，马上就没了收入，生活能不能维持，对罢工有极大的影响。”

他想了想，果断地说：“你马上回去，在当地开展募捐活动。我这边也发动各地工会伸出援助之手，帮你们一把。”

他又谈了些别的应注意的事，最后派两个特派员，随着那个工人连夜赶往唐山参加指挥。

邓中夏心情焦急，这次罢工行事过于仓促。他知道矿工本来就收入微薄没有什么积蓄，罢工后更是没有工钱可拿，虽然有外界支援，但是对于几万名工人的日常温饱来说也只是杯水车薪。事前准备不足，没有计划充分，又无资金保障，时间一久罢工便难以维持下去。他不敢多想，眼下急需做的就是发动全国各地工会进行声援和捐款。他拟好了电文，让工作人员马上发出。

唐山的南厂、铁路工厂等都伸出了援助之手，启新洋灰厂为声援开滦工人开始了罢工，交通大学唐山学校的学生也罢课到街上为开滦工人募捐。此外，各地工会、俱乐部、马克思学说研究会都以捐款、打电报等方式来声援开滦工人，南洋新加坡总工会还寄来大洋支持工人罢工。在各方支持下，工人们感受到自己不是孤立无援的，罢工声势愈发壮大。

矿局方面，除有英国兵舰调集兵力到唐山镇压外，并有天津警察所调派保安队驰赴唐山戒严。

工人们聚集在矿局门前示威，高呼“打倒资本主义”“要求经济解放”。军警惨无人道地开枪射击，致使工人当场死亡数人、伤50人。矿局勾结军警解散纠察队，封闭工会。他们严厉禁止工人开会，开始逮捕罢工工人领袖，彭礼和被逮捕。

得知情况后，邓中夏立刻通知天津、山海关、长辛店等地铁路工会，于次日来京开紧急会议。

第二天，各处铁路工会代表按时赶到，屋里空气十分紧张。

邓中夏首先介绍了唐山的情况，然后悲愤地说：“昨天得到消息，说英国已经调了兵去镇压，直隶警察厅头子杨以德，也从天津派了大批保安队赶往唐山，目前唐山全市到处戒严，罢工受到很大威胁……我们都是工人兄弟，不能坐视不救。书记部意见，各地铁路工人应该立刻举行同情罢工，给以支援。同时，在钱款方面，各地能捐多少捐多少，帮助他们渡过难关。”

长辛店工会代表史文彬站起来说：“这有什么说

的？马上回去向全体会员进行紧急动员。”

“对，说干就干！”人们纷纷表示拥护。

散会以后，邓中夏料理完手头事务正准备出门，突然有人送来了一封急信。他拆开一看，是派往唐山的特派员写来的。信上说：“目前形势十分危急，矿上有些工会领袖已经表现出动摇……”

邓中夏的心里像大火在烧，想到几万工人处在斗争的一线时刻面临着危险，他立刻找到一块白布，咬破手指，用殷红的鲜血写道：

亲爱的同志们：

你们一定要坚决同英帝国主义及其走狗斗争到底，争取罢工的胜利。

中夏

他叫来人赶快把信带回唐山。

邓中夏的血书极大地鼓舞了工人们的斗争意志，大家一致表态坚决斗争到底。

原本矿局打算一方面武力镇压罢工，另一方面用

“拖”的方式从内部分化瓦解工人。他们以为工人不上班没工钱、没吃的，时间长了自然就会坚持不住，但没想到工人们在这次罢工中如此坚韧，每天仅用各地各厂的捐款买米做饭维持生活……

矿局想尽办法也没能让工人停止罢工，便决定采取更加野蛮的方式镇压。时任直隶政府警务处处长的杨以德亲赴唐山，派军警包围工人会场，野蛮地抓捕工人代表，将工人的物品砸毁，对其他未能抓住的工人代表予以通缉。虽然遭遇如此暴力的镇压，罢工工人并没有气馁，仍然忍饥挨饿地坚持了 20 余天，没有一人私自复工，体现出了工人们的团结精神和反抗不公平待遇的决心。

最后，在坚持了 25 天后，因为罢工时间太久，仅靠各方援助实在无法继续坚持，矿局也宣布要适当提高工人工资，再加上当地驻军的师长和滦县知事、开平镇守使的出面调停，工人们不得不忍痛于 11 月 17 日开始逐渐复工。

邓中夏得知消息后，心里非常难过。他详细、冷静地分析了这次失败的教训，认为主要是行动太仓促，没有做好充分的准备……

血的代价，使他思考了很多。

为了把全京汉铁路的工人力量更好地统一起来，邓中夏与同志们又积极筹划成立京汉铁路总工会。1922 年 4 月 9 日，他们在长辛店召集京汉铁路各方代表开了第一次会议，商议组织总工会。

1922 年 8 月，长辛店工人俱乐部发起成立京汉铁路总工会筹备委员会，先后召开三次会议，研究加快统一全路工会组织的步伐。经过几个月的工作，同年底，全路有 16 个单位成立了工会组织，百人以上的车站均设立了工会分会。鉴于此，筹备委员会遂决定于 1923 年 2 月在郑州召开京汉铁路总工会成立大会。中共中央对这次大会非常重视，派张国焘、陈潭秋、罗章龙、包惠僧、林育南等人参加大会。

1 月末，代表们陆续来到郑州。这时，直系军阀吴佩孚见工人力量日益强大，生怕动摇他的统治，因此撕下“保护劳工”“赞成劳工立法”的伪装，下令禁止总工会成立。

史文彬正忙着和各地来的代表互相熟悉，交流经验。会议筹备处的人神色慌张地跑来说：“老史，方才郑州警察局长黄殷辰到会里来，说吴佩孚有令，郑州是军事区，禁止开会。要开，必须换别的地方。”

人们一怔。

“简直是捣乱！他要的是什么花招？”史文彬十分气愤，“通知发了，报也登了，代表也到了，怎么改？再说，民国约法有规定，平民有开会的自由。我们不理他！”

1 月 29 日，吴佩孚亲自向会议筹备处发来电文，不准在郑州召开工会大会。会议筹备处决定立即派杨德晋、林楚藩、李萮瀛、史文彬、李焕章 5 人赴洛阳，就在郑州召开会议的事情同吴佩孚交涉。

在洛阳，吴佩孚把工会代表晾了一天，第二天才蛮横地跟他们说命令已下，不能更改，会议不能召开。谈判整整僵持了 3 个小时，杨德晋等 5 人仍然没有得到答复，只好悻悻返回。

代表们回到郑州后，立即召开了全路代表会议，把吴佩孚的态度向全路代表作了汇报。在会上，他们高喊着“保护劳工”等口号，用激烈的言行表达着对吴佩孚的愤慨与抗争。大会最后决定，京汉铁路总工会成立大会正常举行。

2 月 1 日清晨，京汉铁路沿线的长辛店、保定、郑州、江岸等 16 个工会分会的代表从各处汇集到一起，列好队伍向郑州市内的普乐剧园前进，准备在那里举行京汉铁路总工会成立大会。此时，郑州市内到处是荷枪实弹的军警，气氛十分紧张。代表们快到会场时，忽然遇到大批军警拦阻，不准通行。代表们据理力争，僵持两个多小时。最后他们忍无可忍，高呼口号，奋勇冲进会场，宣布了京汉铁路总工会的成立。

郑州警备司令靳云鹗增派大批军警来到会场进行镇压。他们占领了会场，查抄了会场里所有的文件。随后，他们又包围了代表们所住的旅舍和饭店，禁止旅舍和饭店为代表们提供食宿，要求所有的外地代表立即离开郑州。

为了抗议军警的暴行，当晚，总工会召开了紧急会议。黑云压城城欲摧，坚定的信仰，团结的力量，让大会代表们下了决心，决定于本月 4 日中午 11 时举行京汉铁路总同盟罢工，对军阀的压制给予迎头痛击，同敌人展开决斗。

为了便于指挥这次罢工斗争，总工会移至汉口江岸办公。

2 月 4 日，在中国劳动组合书记部和京汉铁路总工会的领导下，京汉铁路工人大罢工按计划实施了。仅两个多小时，3000 里长的京汉铁路运输线整个瘫痪，到处是熄了火的机车、摘了钩的货车，车站上货物堆积如山。

罢工爆发的当天，中国劳动组合书记部向全国各工团发出《中国劳动组合书记部通电》，呼吁："此次京汉总工会在郑州开成立大会，横遭军警压迫，已于本月四日上午十一时全路罢工以示抵制……尚望本阶级以斗争之精神，切实援助，是为至要！"

接待来自各地的联络人员，听取情况汇报，深入调查分析敌人的动向，解决罢工中出现的各种问题……邓中夏与同志们不分日夜地忙碌着。

2 月 6 日上午，邓中夏召集民权运动大同盟、中国劳动组合书记部、北京学联、北京大学学生干事会、社会主义青年团等团体，举行铁路工人后援会筹备会议，在陈述了此次罢工的经过之后，会议进行了热烈的讨论，最后决定发表宣言，组织铁路工人后援会，对京汉铁路工人大罢工给予及时的支援，以唤醒全国人民的注意。会后，后援会组织学生举行了声势浩大的游行示威。

夜晚，天冷得厉害，西北风呼呼地刮着。

邓中夏坐在一盏灯前，眼睛发红，他已好几夜没怎么睡了，无数的事，在他心里像浪涛般翻腾着。他挂念着郑州、汉口那边的情况，也挂念着长辛店。白天听说铁路局局长赵继贤已到了长辛店，过去被赶跑的工头、总管也都纷纷回到了厂里，形势究竟会发生什么样的变化呢？

2 月 7 日，军阀吴佩孚对罢工工人下了毒手。湖北督军萧耀南在吴佩孚的命令下，借口调解工潮，诱骗工会代表到江岸工会会所进行谈判。就在工会代表去工会会所的途中，埋伏在暗处的反动军队向他们开枪了。赤手空拳的工人代表和纠察队员被当场打死 30 多人、打伤 200 多人，鲜血染红了街道。

杀红了眼的反动军队还闯进铁路工人宿舍，大肆搜捕。江岸分会委员长、共产党员林祥谦被捕后，反动军警将他绑在电线杆上，用刀逼迫他下令复工。面对军阀的淫威,林祥谦没有屈服。他坚定地对刽子手说:“上工要总工会下命令，我的头可断，工是不能上的！”他宁死不屈,英勇就义。他的声音划破江汉平原的长空,成为“二七”惨案中的壮美风景。武汉工团联合会法律顾问、共产党员施洋也在这次罢工中惨遭杀害。

同一天，邓中夏正在为京汉铁路工人大罢工后援会的事苦思冥想时，门外忽然传来一阵急促的脚步声，一个化装成农民的工人从门外冲进来，说:“邓主任,不好了,长辛店军警开枪了,把工会委员们都抓去了！”

邓中夏一惊。

“史文彬也……也给抓走了！”那个工人说着，哭了起来。

邓中夏的眼里冒着火焰。

那个工人悲愤地说;“昨儿半夜，敌人叫工贼领着，把工会委员全都抓走了。今儿一早，大伙拥到火神庙长辛店警察局要人，敌人竟然开枪了，葛树贵冲在最前边，当场牺牲，其余的人都被打伤或抓去了……”

“这笔血债，早晚要他们归还！”邓中夏悲愤极了。

“二七”惨案发生当天，邓中夏就与李大钊、张国焘、罗章龙、何孟雄、杨廉、阮永钊等紧急召开有民权运动大同盟、北京学生联合会、北京大学学生干事会、北京各团体联合会筹备会、中国劳动组合书记部、北京社会主义青年团、少年中国学会等 10 个团体的代表参加的联席会议，讨论援助京汉铁路工人罢工事宜，决定以“铁路工人罢工后援会”的名义，登报发出后援“启事”；以中国劳动组合书记部的名义，向全国发出紧急通电，号召各地工人举行示威，组织抗议活动。

在《中国劳动组合书记部发表为“二七”惨案告全国工人书》中，邓中夏历数近年来军阀残杀工人的罪行后指出：“此次长辛店的大惨杀，江岸的大惨杀，更是目不忍睹，耳不能闻的事了。”“全国工人联合起来啊！想保全我们的工会，想改良我们的生活，都非大家联合起来干预政治、打倒军阀不可啊！”这不仅向全国工人阶级指明了这场斗争的性质，也指明了斗争的方向。

同日，邓中夏还以中国劳动组合书记部的名义向全国各工团、各报馆发出《为京汉铁路局长赵继贤惨杀长辛店工人事通电》，控诉“赵继贤率同曹锟所派军队”捕杀工人的罪行，指出：“军阀肆虐，至此已极……祈即起示威，以势力援助。”

2月8日，北京《晨报》等报刊全文登出这则通电和《铁路工人罢工后援会启事》。《北京大学日刊》当天发表《铁路工人罢工后援会第一次通电》，指出“此次京汉工人之牺牲奋斗，实即为中华民族争自由而战”，号召：“凡我国人，其各奋起，即速加入战线，以与军阀决最后之雌雄。”

接着，邓中夏发表《中国劳动组合书记部敬告国民书》，指出：“京汉罢工乃是工人为自由、为工人人格的争斗，也就是向军阀、专制魔王、惨杀者一切黑暗势力的争斗，这才是为全国人民夺自由、争民权的急先锋。各界同胞应以援助此急先锋为自己的责任。”

《中国劳动组合书记部敬告国民书》帮助广大民众认清了京汉铁路工人大罢工的性质及其关乎民族存亡的重大意义，广大民众因而更加积极地声援罢工工人。

在邓中夏的直接组织和领导下，2 月 9 日，北京各团体、各业工人万余众“举行游街示威运动”。在队伍的最前面，是一面大旗，上边写着：“长辛店工人之血。”大旗后面的竹竿上，高高挑着一件工人的血衣……“向反动政府抗议！”“打倒恶军阀！”游行队伍的口号震天动地。

“铁路工人罢工后援会”和中国劳动组合书记部的行动，激怒了北洋军阀政府。2 月 9 日，北洋军阀政府派警察拘捕设在北京大学西斋的“铁路工人罢工后援会”的人员，封闭中国劳动组合书记部总部，通缉邓中夏。

邓中夏隐蔽在礼士胡同亲戚许宝驹家里，仍然冒着危险出门开展秘密工作，筹款援助罢工的工人，抚恤死难工人家属。鉴于残酷的斗争局面，中共中央在北京召开会议，听取了张国焘关于“二七”大罢工的报告后，分析探讨了此次罢工失败的原因。

罢工斗争坚持到2月9日，京汉铁路总工会的武汉工团联合会为保存力量，避免不必要的牺牲，忍痛下令复工。大罢工宣告结束。

不久，邓中夏遵照中共中央指示，离开北京，前往上海。中国劳动组合书记部总部亦随同他前往上海。

邓中夏离京时，许宝驹担心他的安全。

邓中夏笑着对许宝驹说：“你放心好了，我一定能够平安到达上海的。即使遇到不幸，那也是极平常的事。古今中外，没有不流血的革命。共产主义革命，最后一定能胜利。能为主义而牺牲，也就等于不死。”

在列车上，邓中夏想起被惨杀的江岸总工会同志和工友，想起被抓到保定监狱里的史文彬等工会委员，挥笔写下一首充满英雄气概的战斗之歌：

军阀手中铁，

工人颈上血，

头可断，

肢可裂，

此志不可灭！

…………

红色大学

春，悄悄地降临大地，处处潜伏着跃跃欲动的生机。

1923 年 3 月 31 日，按照党的指示，邓中夏由北京赴上海住进了上海法租界宝山路宝山里 82 号。此时，他化名邓安石，告诉人们他的革命意志将像磐石一样坚定。

邓中夏这次到上海，任务之一就是培养人。各地新的工会领袖虽有较高的阶级觉悟，但文化水平和革命理论水平低，因此急需建立一个工会干部养成所，培养大批工人运动骨干和中共党团基层组织领导者，迅速使工人运动从低潮中复苏，加快走向新的革命斗争高潮。这是全国工人阶级的需要，党的建设的需要，也是国民革命的时代需要。

邓中夏来上海还有一个任务，就是经李大钊推荐，出任上海大学的校务长。

上海大学的前身是东南高等专科师范学校，地址在上海闸北青云路一条弄堂内。校长王理堂以“提倡新文化”作幌子，在报刊上登广告，谎称东南高等专科师范学校聘请了陈独秀、邵力子等名人学者到校任教，借以吸引学生，收取高额学费。慕名而来的求学者达 160 人。王理堂把学生的学费、膳食费骗到手后便到日本留学去了，发现被骗的学生组织了学生会，要求改造学校，请新文化运动的著名领导人陈独秀或国民党元老于右任担任校长。中共中央考虑到革命处于低潮，建议由国民党出面办学校，把东南高等专科师范学校改名为上海大学，共产党参与其中工作，这样有利于学校的发展。学生们接受了这个建议。

于右任担任校长后，在四马路同兴楼京津菜馆宴请李大钊。李大钊和于右任在日本留学时都参加了孙中山创办的同盟会，回国之后，两人来往也很密切。为办好上海大学，于右任请求李大钊给予帮助。作为共产党的领导人，李大钊从革命需要出发，建议学校重点开设社会哲学系，以培养国民革命的骨干。同时，他推荐邓中夏出任上海大学校务长，主持学校的行政工作。于右任欣然接受了李大钊的主张和推荐。

邓中夏报到后，上海大学的海报栏里贴出了他履新的告示：

兹聘请邓安石为本校校务长，自即日起到职，特此通知。

邓中夏出任上海大学校务长一事引起了不小的反响，《民国日报》《申报》等报纸都及时刊登消息报道此事。《民国日报》的消息说：“本埠上海大学，自于右任先生接任校长以来，为整顿校务起见，特聘邓安石为校务长，闻邓君前为北大文科毕业生。”

由于于右任平时不到校，邓中夏实际上做的是上海大学校长的工作。

邓中夏到任后立即抓了三件事：一是确定教育方针和教学目的；二是改革学校建制，以适应“社会之需求”；三是提高教学质量，聘请学有专长的共产党人和著名学者任教。

他改组了学科，增加了社会科学系，聘请瞿秋白、恽代英、张太雷、蔡和森、萧楚女、蒋光赤、任弼时等担任社会科学系教授。上海大学的社会科学系与其他大学不同，注重以马克思主义理论武装学生。同时，他还聘请了沈雁冰、郑振铎等人为中国文学系教授。邓中夏的举措，大大加强了学校的革命政治力量。接着，他又解聘了一批不称职的教职员。

有一段时间，邓中夏要印刷一本书，经常到中华书局印刷厂去校对书稿。时间长了，排版车间的工人刘华和邓中夏也熟悉起来。有一次，他问邓中夏：“邓先生，你们学校好考吗？”

这个排版工人非常聪颖，很会待人接物，对新事物接受得也特别快。邓中夏很喜欢这个年轻人。

在了解到刘华因怕交不起学费而不敢报考时，邓中夏立即承诺借钱给他。

在邓中夏的介绍和经济担保下，刘华正式考进上海大学中学部。他半工半读，刻苦努力，进步很快。

刘华特别爱听邓中夏讲的“文学与社会”和“社会哲学”课。讲课中，邓中夏把马克思主义理论和当前的斗争实际紧密结合起来，旁征博引，深入浅出地加以发挥，反复地分析讲解。刘华挤在同学中，听得津津有味。经过一段时间的学习，刘华居然也能讲马克思主义的理论了。他谈起问题来，也是观点鲜明，联系实际，语言生动，同学们都说他已是一个优秀的马克思主义信仰者。

邓中夏特别强调“读活的书”，让学生走上社会，把学到的书本理论和当前的革命斗争结合起来。

一次，几个学生在校园里的亭子里争论关于中国革命的问题。正路过这里的邓中夏听了，笑了笑说：“争得好，你们问：现在中国人都热望革命，可是为什么却感到束手无策、一筹莫展呢？”

他分析道：“没有别的原因，就是因为我们革命主力的三个群众，即工人、农民和士兵，还没有组织起来。也可以说，我们广大的知识青年，现在只知空喊空叫，还没有到他们中间去唤醒他们，组织他们！”

接着，他讲述了俄国二月革命、十月革命和法国大革命的经验，深有感触地说：“俄国的这三个群众之所以能组织起来，一个重要的原因，就是在俄国布尔什维克党的领导下，俄国青年能一批批到他们之中去，把革命的思想，传播到广大工农兵群众中去。今天，我们处在内外交攻的政局之下，我们所受的压迫和痛苦已经是无以复加了……我们应该迅速从事这三个革命主力的群众运动，让我们成群结队地到民间去，完成我们重要的光荣的使命！”

几个同学茅塞顿开，和邓中夏热烈地交谈起来。

在邓中夏的倡议之下，上海大学的学生成立了许多学术性的研究团体，如“社会科学研究会”“文艺研究会”“春风研究会”等。

上海大学迁到新校址后，邓中夏根据在长辛店办劳动补习学校的经验，结合上海工业区的实际，大力推行平民教育。他亲自主持上海大学平民教育工作，组织学生创办平民夜校和工人夜校。1924 年 4 月 1 日，上海大学召开平民教育大会，会议讨论通过《上大平民夜校组织大纲》和实施平民教育的方案。教师恽代英、萧楚女、任弼时、沈泽民、蒋光慈、高语罕、杨之华等与学生一起参加夜校的工作，轮流到各工人夜校上课，同工人群众相结合。

第一次去夜校上课，阳翰笙等一批老师和学生给工人讲了什么是帝国主义、什么是资本主义。讲完课后，工人们反映听不懂，工人代表及时把情况反馈给了邓中夏。

邓中夏立刻把老师和学生都召集起来，进行总结讨论。他说：“啥叫帝国主义、资本主义，啥叫最后阶段、必然灭亡，工人都不懂。这不是给大学生讲课，是给工人讲课，大学那一套怎么行？”

阳翰笙说：“我这次去讲课就深有感触，是决不能像大学讲课那样，专门名词最好少用一点，什么最后阶段、必然灭亡啦，讲了也不懂，只是自讨没趣。”

杨之华说：“回来后我也进行了思考，最好是从他们自身的情况谈起，讲切身利益，比如说：讲东洋人怎样对待他们。你从他们自身讲起，他们就感到讲的是自己的事。这样就把理论和实际结合了。讲工人的生活，一步一步地就感到亲切，容易理解。”

邓中夏说：“大家说得很好，讲革命道理不能教条，重要的是消除隔阂，建立良好的关系。可以先提启发的问题，让他们先随便谈谈。例如问：世上什么人最苦？什么人最多？什么人最有本事？为什么还要受剥削、受压迫？应该怎样起来反抗压迫？等等。这样谈了，就能打破彼此之间的隔阂，逐步达到教育的目的。”

他认为，针对不同层次的工人应采取不同讲课方式，向他们介绍马克思主义思想，为使工人明白阶级不平等、贫富悬殊的道理，还可以多采取“打油诗”的方式，比如：

富人坐在家中吃鱼肉，

农民劳苦做工喝薄粥。

富人哈哈笑，

农工个个哭，

不分东南和西北，

富人笑穷人苦。

经过这次研讨和培训之后，教员和学生对工人有了新的理解，讲课不再教条化，吸引了越来越多的工人。平民夜校得到了快速发展。

邓中夏怀着深厚的感情，对一批深入工人区的女同学风趣地说：“你们能到工人家去是好的，能决心这样做，说明你们已有很大的进步。只是——去了要注意，不要怕脏，不要怕工人身上有油泥，应该像对待亲人那样亲切地对待他们。”

在邓中夏热情的关怀、启发下，学生们一面学习书本知识，一面积极从事革命活动，个个生龙活虎，朝气蓬勃。许多进步学生入了党，成长为坚强的革命战士，上海大学成了培养革命干部的“红色大学”。

建立秘密俱乐部

邓中夏利用在上海大学的有利条件，废寝忘食地对中国革命的一系列根本理论问题和党的方针政策进行了探讨和论述，在两年的时间里发表了 130 篇文章。在这些文章中，他运用马克思主义的观点，对中国社会各阶级进行了分析，分清了敌我，提出了帝国主义都是“纸老虎”的论点。在文章中，他还十分强调加强工农联盟、建立工农武装、开展士兵运动、实行工农兵大联合的重要性。这些理论对党的前期建设，对党制定正确路线产生了重大影响。

1923 年 7 月担任中共上海区委员会委员长后，邓中夏立即在区委下设立了一个

"劳动委员会"，由王荷波任劳动委员长。劳动委员会的首要任务是恢复上海市的工人运动。

上海，是我国工人最多、最集中的地方，是中国共产党的诞生地。党成立后，就在上海开展工人运动。在这些方面，上海是得天独厚的。可是，上海工人运动的发展却远远落后于其他地方。上海工人的罢工斗争取得胜利的少，失败的多。1922 年冬，正当全国第一次罢工蓬勃发展的时候，上海的日华纱厂、英美烟厂和金银业举行的三角同盟罢工，很快就被镇压下去，成为在第一次罢工高潮中最早出现的挫败。上海工人运动从此一蹶不振。

为什么会出现这种现象呢？邓中夏经过一番研究，认为有主观原因，也有客观原因。

从主观方面来说，原因有二：一是工人大多数是女工、童工，战斗力差。在罢工斗争中，往往经不起一两个回合，就被人家打垮了；二是党的力量太弱。1923 年，上海的共产党员只有 42 人，而且大都是搞学生运动出身，从事工人运动的寥寥无几。特别严重的是，京汉铁路大罢工失败后，在党内出现了取消工人运动的错误思想，对党中央所在地上海的工人运动，采取不闻不问的态度。

从客观方面来说，上海工人的对手，是老奸巨猾的帝国主义者，他们用数十年积累下来的统治工人的经验，对付中国新生的幼稚的罢工运动，自然是绰绰有余的。

面对这种情况，邓中夏不畏艰险，按照党的中央执行委员会扩大会议的精神，开始在工人中进行艰苦的组织工作和教育工作。

邓中夏亲自去小沙渡，了解工人补习班的情况。当时，小沙渡有两个工人补习班，由青年团上海市委领导，嵇直、徐璋主办。这两个工人补习班，设在嵇直、徐章的住处，规模很小。因为各厂的班次不同，来上课的工人有时多、有时少，很不稳定。邓中夏决定把这两个班合并，建立工人补习学校。他让人在小沙渡租了一间房子，挂出“沪西工人补习学校”的牌子。随后，党组织又在沪西工人补习学校的基础上，筹建沪西工友俱乐部。邓中夏派孙良惠负责具体工作。

孙良惠原是日本同兴纱厂工人，是沪西区第一个参加共产党的工人。

孙良惠在沪西人地两熟，开展工人运动非常有利。他的公开职业是一家银行的护卫员。从外表看，他身穿制服，腰挂手枪，很像租界巡捕房的中国巡捕。

有一天，孙良惠来到小沙渡老西门，听少年宣讲团讲演。挨着孙良惠坐的是同兴纱厂工人刘贯之。中国人民对为帝国主义服务的巡捕是非常憎恶的，刘贯之和孙良惠虽然坐在一起，但不说话。孙良惠主动和刘贯之交谈，问他能不能听懂。刘贯之看到这个“巡捕”有点特别，不仅不飞扬跋扈、盛气凌人，而且还说话和气、态度可亲，于是和他交谈起来。经过接触，刘贯之知道孙良惠不是巡捕，孙良惠也弄明白，刘贯之是纱厂工人，两人就交上了朋友。此后，刘贯之就成了孙良惠筹办“沪西工友俱乐部”的骨干。

1924年9月1日，沪西工友俱乐部成立。孙良惠介绍了项英、刘华、顾秀、李瑞清4人给刘贯之。随后，由这几个人组成沪西工友俱乐部委员会，项英为主任，孙良惠为副主任，刘华、顾秀为宣传委员，李瑞清为组织委员，刘贯之为总务委员。项英在红纸上挥笔疾书，写下16个大字：“联络感情，交换知识，互相扶助，共谋幸福。”这是沪西工友俱乐部的宗旨，大家把它贴在俱乐部的中堂。

不久，项英被调走，刘华成为沪西工友俱乐部的负责人。

刘华在上海大学加入社会主义青年团后，又加入了共产党。从此，他在邓中夏的指导下从事工人运动。

沪西工友俱乐部设立的工人识字班、文化补习班、讲演会，深受群众欢迎。邓中夏称赞俱乐部的工作做得很出色，经常来给工人讲课。

一天，纺织厂工人戴器吉收工后，照例来俱乐部上课，突然想起一个不认识的字，就问在马路边摆摊拆字的先生。拆字先生看见戴器吉衣衫褴褛，知道是做工的，便说：“做工的人别想出头。工字一出头，就入土了。认字有什么用？”戴器吉边走边思索着拆字先生的话。直到坐下来听课时，心里还是气鼓鼓的。

这天的第一课是讲“团结、斗争”4个字。刘华在讲解这4个字的意义时，说：“工人只有起来斗争，才有出路。工人只有团结一致，才能取得斗争的胜利。”

戴器吉听了情不自禁地说：“刘老师，你讲得好，讲得对。我们工人要出头，就要斗争。可有人说，工人不能出头，工人一出头，就要入土了。这不对！”

“说得好，说得对。”坐在黑板旁边的邓中夏，突然站起来在黑板上写了一个大大的“工”字：“这个‘工’字，上有天、下有地，中间是个顶天立地的好汉。这就是我们工人的形象。不过，我们工人现在没有权。帝国主义、资本家、军阀利用他们的政权，天天剥削我们、压迫我们，弄得我们一无所有。”

邓中夏稳定了一下情绪，对着工人大声说：“世界是我们劳动者创造的。我们要打倒害人虫。我们现在进行的每一个斗争，都是给那些害人虫挖掘坟墓。等到我们千千万万工人、农民团结起来斗争的时候，他们就要完蛋了。我们工人出头，他们就入‘土’了。”

邓中夏的话，正说到工人的心坎上。刘华站起来，向工人介绍：“这是我的老师，上海大学的教书先生邓中夏。”

刘华回身，在邓中夏写的“工”字下面，加了个“人”字，说：“你们看，‘工人’两个字，连起来，就是个‘天’字，我们工人将来要做天下的主人。只要大家团结起来，我们工人的力量大如天！”

一次，一个工人问：“邓老师，你们天天说剥削，剥削是啥意思？”邓中夏看了工友一眼，笑呵呵地说：“看我们工友学得多认真呀，都开始思考问题了。好，我们就来看看这剥削是咋回事？”

邓中夏用粉笔在黑板上写了“剥削”两个大字，教工人读了两遍，就问大家：“做一天工，有多少工钱？”

有的工人说一角多，有的说两角。有个工人不知道邓中夏为什么要问这个，就说：“邓老师，工人做工，老板给工钱，从来是这样。工钱和剥削有什么关系？”

邓中夏严肃地说：“工钱和剥削，有密切关系。工钱，不是老板‘给’工人的，是工人出卖劳动力的一种价格，是工人劳动创造出来的财富中的一小部分。那么，工人劳动创造出来的大部分财富。哪里去了？”

工人聚精会神地听着，目光都盯着邓中夏，都想弄明白其中的道理。

邓中夏掰着手指头，给工人算起“剥削账”来：“比如说，1个工人1天干12个小时活，纺出10斤纱。按照市面价格，10斤纱可以卖10块钱。除掉纺10斤纱花费的成本、机器折旧等6块钱外，剩下的4块钱，就是工人劳动创造的价值。工人只能拿到两角钱，剩下的3.8元，全被老板装进了腰包。这就叫剥削。”

工人听了邓中夏讲的“剥削”课后，好像从梦中清醒过来，恍然大悟：怪不得，工人天天做工，累死累活，到头来还是吃不饱，穿不暖，老板却越来越富，工厂越办越多。被剥削，这就是我们工人穷的根源。

邓中夏虽然工作十分繁忙，但为了使各校有一本好的教材，他又亲自担负起编写教材的任务，不久就写出了数万字的《劳动常识》，在《平民周报》上发表，供各学校作为工人学习的课本。

沪西工友俱乐部不仅是工人读书、识字、娱乐的地方，而且是对工人进行马克思主义启蒙教育的大课堂，是共产党领导工人进行斗争的场所。沪西工友俱乐部的影响一天天扩大，要求加入俱乐部的工人越来越多。短短的3个月中，沪西工友俱乐部已经在19个纱厂中建立了秘密组织，部员发展到近千人。

邓中夏在对工人进行宣传教育和组织工作的同

时，还特别注意在工人中培养骨干，发展党员，建立党组织。通过沪西工友俱乐部的活动，共产党在沪西产业工人中扎下了根。

二月罢工

中国共产党顺应工人群众的要求和革命形势发展的需要，于 1924 年 5 月在上海召开中央执行委员会扩大会议。会议的任务是：在国共合作的新形势下，审查过去的工作，确定今后的政策。会议的 4 个议题之一是“讨论工人运动新的任务”，经过研究，决定加强党对工人运动的领导，在中央工农部内设立工会运动委员会，邓中夏任书记，并从外地调来李立三、项英等人，配合邓中夏的工作。从此，邓中夏便把主要精力用于领导工会运动。

1924 年 6 月的丝厂大罢工及同年 9 月的南洋烟厂大罢工，锻炼、壮大了工会组织，增强了工会战斗力。到 1925 年 1 月，上海的共产党员极速增加，党的组织也从小组建制改为支部建制，建立了中共杨树浦支部及南洋烟厂支部。与此同时，工会组织也得到了较大发展。这些，为上海开展大规模的工人运动创造了必备的条件。

1925 年 2 月 2 日清晨，日商内外棉八厂粗纱间一个已连续做工 11 个小时的 12 岁女童工，不知不觉靠在车头上睡着了。日本领班看见后，对她拳脚相加，打得女童工身受重伤，栽倒在地上。

当班的工人们见状，与日本领班发生激烈的冲突。厂方因此开除了 50 名夜班男工。

不久，日本厂家以莫须有的理由开除男工，想以工资低廉的养成工替换 50 名男工的消息迅速传开。工人们愤怒了，聚在一起商讨对策。前来接班的粗纱间日班男工当即宣布罢工，表示与夜班男工同进退。2 月 4 日，被开除的男工要求厂方结清工资，日本资本家竟勾结普陀路巡捕房，将 6 名带头的工人抓走了。

全厂工人怒不可遏，纷纷表示要关机罢工。

邓中夏等决定抓住这次事件，发动全市日商纱厂工人的大罢工，以扭转工运低潮局面。为加强对罢工的领导，中共中央成立专门指挥这次罢工的委员会，指定邓中夏和上海工人运动委员会书记李立三为罢工委员会的总负责人。

在邓中夏、李立三的领导下，2 月 9 日内外棉五厂、七厂、八厂、十二厂工人相继罢工。第二天，九厂、十三厂、十四厂的工人也响应罢工。到 12 日，内外棉 11 个厂的 1.5 万多名工人全部罢工。

为了使这场大规模的罢工斗争能在党的统一领导下有秩序地进行，邓中夏、李立三和沪西工友俱乐部的负责人刘华、孙良惠、刘贯之等开会，分析形势，研究罢工策略，决定在罢工委员会下设书记处、联络处和杨树浦、小沙渡两个“分指挥处”。书记处负责文书、宣传、新闻、印刷、交通等项工作；联络处负责对外联系，争取各社会团体的同情和支持。同时，罢工委员会吸取“二七”惨案的教训，决定建立罢工工人护卫团和纠察队，以保护工人领袖和维持罢工秩序。邓中夏等人还决定，成立由刘华任委员长的“纱厂工会”和“工人代表会”，以加强对各厂基层工会的领导，充分发挥工运骨干的作用。

夜幕降临，空旷的潭子湾广场上汇集着上万名罢工工人，到处是通明的火把、沸腾的人声。“反对东洋人打人”的巨幅标语挂在主席台正中。邓中夏站在台上发表慷慨激昂的演说，工人们激动地抓下头上戴的东洋帽，扔在地上，践踏着、怒骂着。多少年来，上海工人阶级第一次显示出这么强的力量、这么大的声势。

罢工几天之后，刘华急匆匆地来找邓中夏：“有新的情况。”

邓中夏给他倒了杯水，让他坐下慢慢说。

“日本厂方今天发布了一个告示，说罢工期间，凡是到工厂报到的工人，不论开工与否，每天发给三成工钱。现在有些工人因生活困难，不得不到厂里报到了。”

“消息准确吗？”邓中夏也没料到日本厂方会来这么一手。

“准确，我亲眼看到的。你看怎么办？”刘华着急地说。

邓中夏沉吟了片刻，对刘华说：“我们是不是可以采取这样两个办法解决：第一，对进厂报到的工人进行教育，派人家访，了解他们的生活情况，表示关怀和慰问；第二，通过上海党组织，发动各社会团体募捐，援助罢工，切实解决罢工工人经济上的困难。只有解决了罢工工人的吃饭问题，工人才能跟我们走。”

刘华一拍脑袋：“这个办法好。”

邓中夏似乎又想到了什么，起身踱着步对刘华说：“还要向罢工委员会的同志说清楚，对于罢工的工人，一方面要注意解决他们的实际困难，一方面要不断激发士气，稳定军心。应当每天召开一次大会，向群众宣布有关罢工的消息，散发有关罢工的传单，揭破谣言，鼓舞斗志。”

“要得，要得，这样双管齐下，就更好了！”刘华听了满口赞成。

“你现在就通知罢工委员会成员来开会，我们再仔细研究一下，做好分工。”邓中夏吩咐道。

“好。”刘华高高兴兴地去通知了。

罢工委员会在邓中夏、李立三等人领导下，与帝国主义展开针锋相对的斗争，每天写传单，揭破帝国主义的阴谋，鼓动工人士气，“扩大民族宣传”，发动上海各阶层（包括工商界）民众在道义上和经济上同情、支持、援助罢工工人。罢工工人针对“日本资本家最恐惧的是怕打坏厂中机器”这一心理，先后冲进九厂、十三厂、十四厂进行“打厂”斗争。但日本资本家仍不肯让步。

罢工过程中，在一次罢工工人与警察冲突时，约有 50 名工人被捕，混在罢工工人中的邓中夏也被警察抓住。警察把他和几十个工人用麻绳绑在一起。他昂着头、挺着胸，一边走，一边大声对工人说："他们能捉到我们，但是他们永远打不败我们！"

在党的领导下，罢工斗争继续蓬勃发展。继小沙渡之后，曹家渡丰田纱厂的工人罢工了，杨树浦的大康、裕丰、同兴、日华等日本纱厂的工人罢工了……上海共有22家日本纱厂的4万多工人参加了罢工。

上海日本纱厂工人的大罢工，得到了上海各阶层民众和全国各地的声援。日本资本家害怕大罢工发展为民族矛盾，中国会掀起排日运动，不得不和工会代表谈判，达成不得虐待工人等4条协议。2月26日，上海日本纱厂罢工工人在潭子湾举行庆祝罢工胜利大会。

邓中夏被拘捕后，没有暴露身份，经过党和工会组织的积极营救，于3月7日被释放。

4月，邓中夏在《中国工人》第4期上发表了《上海日本纱厂罢工中所得的经验》一文，指出这次罢工

"确是'二七'后一个空前的伟大运动。它在中国劳动运动史上开辟了一个新纪元，而且在中国民族解放史上也添了一层新意义"。

1925 年 4 月，邓中夏奉命离开上海前往广州，负责筹备即将在广州召开的第二次全国劳动大会。

抓住关键

1925年5月30日，上海人民为了抗议帝国主义屠杀工人顾正红和逮捕爱国学生，举行声势浩大的示威游行，遭到了英租界巡捕开枪扫射，当场死伤数十人，史称五卅惨案。帝国主义的暴行激起了全国人民的愤慨，国内各地人民群众纷纷奋起参加反帝爱国运动，五卅运动爆发。五卅运动标志着中华民族的新觉醒和中国人民反帝革命风暴的到来。

五卅运动的浪潮席卷到广东，中国共产党广东区委员会书记陈延年召开区委联席会议，研究在广东开展反对帝国主义斗争的问题。会议决定，派人去香港、沙面，发动工人罢工，声援上海人民的反帝爱国斗争。

去香港发动工人罢工，是个艰巨的任务。派谁去呢？

大家认为：全国总工会秘书长、宣传部长的邓中夏长期从事工人运动，有实践经验，而且在第二次全国劳动大会期间，邓中夏同香港工会代表团中的各派工会负责人有广泛的接触，邓中夏广博的知识、精辟的言论、敏捷的辩才、政治家的风度，给他们留下了良好的印象。因此把这个重任交给邓中夏比较合适。

会议形成决定后，邓中夏欣然领命，与广东工运领袖杨殷一起前往香港。来到香港后，他们找到了中共香港支部书记黄平，决定召开党团员会议，研究发动工人罢工的问题。

会上，邓中夏介绍了五卅惨案的真相。他说："几十年来，我们受到帝国主义的压迫，实在是到了忍无可忍的地步。为了向英帝国主义表示最强烈的抗议，为了推动革命高潮向前发展，全国总工会决定，在香港发动一次大罢工。希望每一个共产党员、共青团员，都为这次罢工献出自己最大的力量。如何发动工人罢工，请大家提出意见。”

参加会议的人，对发动这么大规模的罢工，信心不足。

有人说：“上级的决定，我们拥护。可是，就靠我们这一二十个人，能把香港几十万工人发动起来吗？”

还有人说：“香港工会很多，大多是旧式的行会组织。拿最大的中华海员工业联合总会来说，会长谭华泽就是个买办。这样的人，这样的工会，能跟我们走吗？”

邓中夏认为，从主观力量上说，要在香港发动一次大罢工，确实是不容易。但是，在香港发动罢工既有困难的一面，又有有利的一面。

他说：“五卅惨案发生之前，谁能想到在中国会出现这么大规模的反帝爱国运动呢？目前，尽管我们有很多困难，但有利条件还是有的。比如，苏兆征领导过1922年的香港海员大罢工，在工人中很有威望。在他的影响下，中华海员工业联合总会是会跟我们走的。另外，电车、华洋排字、洋务等几个工会，是共产党领导或受共产党影响的。我们只要充分利用这些有利条件，罢工是可以发动起来的。”

邓中夏继续说：“大家都知道，香港工人对英帝国主义是非常仇恨的。仇恨，是埋在工人心中的炸药。现在，炸药还没有点着，大家还看不到它的力量。炸药一旦点燃，大家就会知道它的力量有多大。要把炸药点燃起来，必须从两个方面着手：一是宣传群众，组织群众，把群众发动起来；二是从上边争取那些行会组织的头面人物。”

大家对邓中夏的许多观点是赞同的，只是对争取行会组织的头面人物参加罢工，有人觉得困难较大。

有人站起来问：“这些人，不是把头，就是买办，成天只知道敲诈勒索，喝工人的血。他们能参加罢工吗？”

杨殷说："这些人，名利熏心。没有名，没有利，他们是不会干的。"

"是呀！"大家表示赞同。

邓中夏说："这一点，我们已经估计到了。他们既然要名、要利，我们就抓住这一点做工作，给他们名、给他们利。他们参加罢工，就可以得到爱国的名声，得到罢工经费的实利。如果他们不参加罢工，一旦工人跟着我们走，他们的名、利也就完了。所以，争取这些人参加罢工，是完全有可能的。"

邓中夏的分析合情合理，发人深思。大家表示，一定要克服困难，为发动罢工贡献力量。香港的工会很多，派系复杂。邓中夏纵观全局，从这团乱丝中理出了一个"头"。这个"头"，就是工团总会。

说工团总会是个"头"，有两条理由：第一，工团总会所属工会多，有 70 多个，占全港工会总数一半以上，对罢工有着举足轻重的影响；第二，香港的工会，很多都被黑社会头目控制。在香港发动罢工，必须取得这些头目的认同才有可能。工团总会会长黄金源，工团总会交际部主任、车衣工会会长梁子光，都是黑社会中的头面人物，只要把他们争取过来，就可以影响其他头目。

从哪里下手呢？

邓中夏认为，深受苏兆征影响的中华海员工业联合总会会长谭华泽，可能比较好做工作。

一天，邓中夏和杨殷专程去拜访谭华泽。

谭华泽作为香港工会代表团成员，曾出席过第二次全国劳动大会，见过邓中夏。

一见面，谭华泽就说："那次大会，开得太好了。特别是邓先生，给我留下了很深的印象。"

邓中夏说："我们这次来，有件重要事情，要与谭会长商量。"

谭华泽见中华全国总工会秘书长来找自己商量事情，十分得意，说："只要能办到的，兄弟一定效劳。"

邓中夏说："好啊！为了支援上海人民的反帝爱国

斗争，现在全国各地都开展了游行示威表示抗议。根据形势发展，中华全国总工会决定于近期在香港发动一次大规模的罢工！请谭会长大力支持……”

谭华泽吓了一跳，他没想到是这么大的事。为了掩饰内心的恐慌，他强作笑颜说：“呵，好，很好……只是，只是不知道总工会……”

邓中夏简短有力地说：“准备把工人组织起来，全部撤到广州去！给英帝国主义一个沉重的打击！让他们知道中国人民不是好惹的！”

谭华泽再也坐不住了。他站起来，走了几步，神色严肃地说：“这事可是太大了，香港有好几十万工人，大家都会同意这样干吗？”

邓中夏点点头说：“是的，困难是很多的。但是，现在群众的反帝情绪这么高，到处都在议论这件事，这对我们是非常有利的。”

谭华泽想了想，坐下说：“是的，群众对帝国主义是很气愤。可是大家在香港住了这么多年，一下把家和工作都扔了，很不容易呢！”

邓中夏看了看谭华泽，笑着说：“当然，组织群众的工作是很艰苦的。但是，只要我们好好组织，加上你们工会领袖带头，是可以实现的！”

谭华泽一听，显得很不自然，说：“兄弟对中华全国总工会的号召，一定拥护。只是，罢工爆发后，如果英国干涉，出现上海那样的流血事件，怎么办？”

邓中夏说：“只要大家团结、齐心，英帝国主义就不敢怎么样。”

杨殷趁势捧了谭华泽一句：“谭会长热心爱国，这次一定会全力支持。”

谭华泽欲退不能，就来了个顺水推舟：“兄弟爱国不敢为人后。既是这样，我和会里同仁商量商量。”

邓中夏、杨殷旗开得胜，接着去找工团总会会长黄金源。

杨殷曾在香港工作。在香港工作期间，他已经和黄金源交上了朋友。双方见面后，他立即向黄金源介绍邓中夏，并说明来意。

黄金源张口就问：“罢工以后，各工会由谁领导？”

邓中夏回答：“罢工由各工会发动。罢工工人回广州后，仍由各工会自己管理。”

黄金源又问：“上面由谁领导？”

“准备组织一个总的领导机关，吸收各工会领袖参加。”

黄金源以为大权在握，有利可图，立即表示：参加罢工。

接着，工团总会交际部主任、车衣工会会长梁子光从捞取名利出发，也表示赞成罢工，并答应在车衣工会举行第一次工会联席会议，研究罢工问题。

电话工会负责人、清洁工会负责人……越来越多的工会负责人表示支持罢工。

为了使各工会统一行动，邓中夏以全国总工会的名义，在车衣工会举行了第一次工会联席会议，有电话、清洁、肉菜、电车、海员、机器、车衣等工会的负责人和黄金源等参加。

会上，邓中夏首先讲了这次罢工的目的、意义和要求，赢得了大家的赞同。

接着，苏兆征站起来，热情洋溢地说：“我们工人阶级是最热爱祖国、热爱自己民族的，我们应该号召全港工友，一致行动起来，响应全国总工会的召唤，向帝国主义番鬼佬，展开决死的斗争！”他的话博得了全场热烈的掌声。于是，大家纷纷起立发言，表示拥护罢工。

忽然，有人提问：“几十万罢工工人回到广州，吃住怎么解决？”

大伙一看，提问的是工团总会交际部主任、车衣工会会长梁子光。

邓中夏当即回答说：“广州早就准备好了，工人回到广州，吃住不成问题！”

接着，黄金源又提出一个问题，说：“如果香港政府下戒严令，把广九路火车停了，工人怎么去广州呢？”

邓中夏说：“如果真把火车停了，还有好几条水路和旱路可以回广州。万一把水陆交通封锁了，我们就可以举行暴动，有全世界工人的同情和援助，什么也吓不倒我们！”

会议，通过了举行香港工人大罢工的决定。

当晚，邓中夏召开了党团紧急会议，决定先由受我们指挥的海员、电车、印务等工会发动罢工。

经过多方面的努力，一切总算准备就绪。

过了几天，邓中夏又在车衣工会召开第二次工会联席会议，成立了罢工的统一指挥机构——全港工团联合会。各大工会的头面人物，如黄金源、梁子光、谭华泽、胡荫、陈锦泉、冯敬、谭海山、刘汝泉、毛士珍等，都是这个机构的成员。

在邓中夏等领导人对工会的上层人士做工作的时候，每一个党员、团员和宣传员都负责一个或者若干个工会，在工人群众中开展宣传鼓动工作。

木匠工会的郑全，负责向持平工会的工人宣传。

一天，郑全在巧心茶楼讲五卅惨案的真相。一个工人听了，大骂英帝国主义。正在这里转悠的警察要抓工人。郑全挺身而出，严厉质问警察：“你是不是中国人？”一向蛮横的警察，在他义正词严的质问下，低着头灰溜溜地走了。

经过广泛的宣传、动员，工人群众初步发动起来，罢工条件日渐成熟。

6 月 17 日，邓中夏用中华海员工业联合总会的名义，在西营盘杏花楼茶居召开工团总会所属各工会的群众大会。会议由苏兆征主持。

苏兆征说：“工友们！自从五卅惨案发生以来，全国各地都在支援上海人民的反帝爱国斗争。我们香港工人怎么办？为了让全国人民知道我们香港工人阶级热爱祖国，热爱中华民族，不愿做亡国奴，现在，我做个发起人，号召工团总会的工人行动起来，实行罢工，向帝国主义提出抗议。”

苏兆征的提议，赢得了雷鸣般的掌声。

第二天，邓中夏以“宴客”为名，在杏花楼茶居举行香港工团代表联席会议。会议通过了罢工日期、宣言、要求等，为罢工做好了准备。

香港工团代表联席会议通过的罢工宣言指出：

中国自从鸦片战争之后，帝国主义除了经济的政治的文化的侵略以外，还要加以武力的屠杀，是可忍，孰不可忍！故我全港工团代表联席会议，一致决议与上海、汉口各地取同一之行动，与帝国主义决一死战。我们为民族的生存与尊严计，明知帝国主义之快枪巨炮可以制我们的死命，然而我们亦知中华民族奋斗亦死，不奋斗亦死；与其不奋斗而死，何如奋斗而死，可以鲜血铸成民族历史之光荣。所以我们毫无畏惧，愿与强权阶级决一死战。

这悲壮激越的宣言，激励着香港几十万工人的罢工斗志。

6 月 19 日，电车工会、华洋排字工会、洋务工会、中华海员工业联合总会宣布罢工。

紧接着，起落货工会、煤炭工会等陆续宣布罢工。很快，罢工浪潮席卷全香港。

香港政府慌了，连忙宣布戒严令。英帝国主义者在街头、屋顶上架上机枪，连铁甲车也开了出来。到处传说英帝国主义要进行大屠杀。但工人们突破香港政府和英帝国主义封锁，纷纷返回广州。

省港大罢工渐渐进入高潮……

光辉策略

省港大罢工一个重要的决策，是构筑漫长的海上、陆上封锁线，对香港实行经济封锁。

由于历史的原因，封锁线广东一方的农民，同香港的关系非常密切。他们把农产品销往香港，又从香港买回农用物资和日用工业品，历来如此。现在，对香港实行经济封锁，必须解决沿线广东一方农民的农产品销不出去、需要的东西买不回来的矛盾。否则，得不到农民的支持，那漫长的封锁线，将会形同虚设。该怎么办呢？这是一个现实又棘手的问题。

在罢工委员会讨论会上，邓中夏在总

结上海罢工的教训时说："上海五卅运动没有取得什么直接的结果，固然是由于资产阶级的出卖，小资产阶级的怠工，然而最主要的原因，是由于无产阶级的孤立，无产阶级没有取得广大农民与城市贫民的支持而孤立。我们要想罢工取得成功，就必须争取农民的支持！"

工农联合问题，第二次全国劳动大会就已作出《工农联合的决议案》。这个决议案指出："工人阶级要想推翻现存制度，必须结合反对现存制度的一切革命势力。因此，工人阶级应该努力找寻他的同盟者。这种同盟者的第一个，就是农民。工人阶级倘若不联合农民，革命便难成功。"

有的同志提出："想法是好，怎么联合呢？"

省港大罢工开始以后，邓中夏就在思考这个问题。

邓中夏说："'工农联合'这个口号，自从第二次全国劳动大会以后，已经普及于全体工友。工友们个个都认为这是我们必须采取的策略。"

接着，邓中夏说："可惜这一次我们反对帝国主义的运动，农友们因为地理上所限，尚不十分明白，有时会发生少数农友为了一点私利，偷运粮食出口香港的事情。所以，我们必须派人到农村去宣传，既可以借此纠正少数农友的错误行为，又可以从此形成工农阶级的联合。”

最后，邓中夏说：“广东省农民协会正在开办农民运动讲习所，我们应该马上派出工友去农民运动讲习所上课，这是一件很急切很有价值的事，对我们实现工农联合，是十分有利的！”

大家一致认为这个提议好。会议决定号召工友们到农民中去，加强工农团结，展开对帝国主义的斗争。

省港罢工委员会同广东农民协会商定，在广州农民运动讲习所，开办为期半个月的罢工工人训练班，培训农民宣传员。

一天，几个工人跑到罢工委员会来找邓中夏。

邓中夏正在给《工人之路》写评论，抬头见他们一个个笑容满面地走来，便问：“什么事这么高兴？”

一个叫老方的工人兴奋地说：“邓顾问（邓中夏为省港罢工委员会顾问），我们快要走了，是特地来向你辞行的。”

“上哪儿？”邓中夏奇怪地问。

“到农民运动讲习所去。”老方得意地看看伙伴，“学半个月，我们就下乡。”

邓中夏欣喜地说：“呵，太好了，去搞农民运动，这个任务很光荣，也很艰苦呢！”

大家笑着说：“不要紧，都准备好了，不完成任务坚决不回来！”

邓中夏兴奋地看着大家，深情地说：“是的，农民是我们的同盟军，他们受的苦与我们的工人是一样的。这次下去，要很好地团结、组织他们。”

不久，经过培训的罢工工人带上《工人之路》报、传单、农民协会的组织章程和其他宣传品，深入到中山、顺德、南海、番禺等 10 多个县，协助当地的农民组织农民协会和自卫军，发动他们进一步加强对香港的封锁。许多罢工工人还组织了剧团，分头到农村作巡回演出，激发人民的反帝、反封建的斗志。在罢工工人广泛的宣传、组织下，各地农民纷纷建立了自己的农会，展开了反对苛捐杂税的斗争，有的夺回了被强占的粮食，有的没收了土豪的公堂，有的甚至缴掉了反动民团的枪支。在艰难困苦的岁月里，罢工工人不辞劳苦，不怕困难，刻苦工作，受到了农民的热烈欢迎。发展到后来，回到广州的25万罢工工人中，有半数以上深入农村参加农民运动，有的成为农民运动的组织者和领导者。

为了解决封锁香港同农民利益的矛盾，照顾农民的利益，省港罢工委员会还颁布《特准宝安农会农民经过英界条件》，准许农民去英界购买化肥、米、盐，还准许农民带着耕牛去英界耕种花田。

由于省港罢工委员会切实维护农民的利益，工农联合渐渐形成。这种工农联合，经过战斗的洗礼，发展成为工农联盟。封锁线广东一方的农民，积极支持省港罢工委员会对香港的经济封锁。

除农民外，广东国民政府也积极支持省港罢工委员会封锁香港。他们把铁甲车队调到深圳驻防，协同工人纠察队实行武装封锁。广东国民政府还在全省范围内开展抵制、严查英货运动，一经查出，即予充公。

在严密的封锁下，香港受到了沉重的打击。

市场上一片混乱，粮食、副食、蔬菜来源断绝，价格一日数涨。由于食品奇缺，香港成为“饿港”。

香港本是世界上最繁荣的商埠之一，如今，商店歇业，轮船停驶，输出输入货物减少一半多，到港船减少80%以上。由于对外交通几乎断绝，香港成为“死港”。

香港的街道，由于无人打扫，垃圾堆积如山，黑色的臭水泛起白沫在街道上横流。更好笑的是，香港出现了一种“新式武器”，叫作“飞天屎”。原来，马桶没有人倒，住在高楼上的人家只得把屎拉在纸上包好，从窗口扔下去，谁要走在街上不当心，就会挨一脑瓜屎。就这样，在短短的时间里，香港被弄得遍地是屎，臭气冲天，成了名副其实的“臭港”。

几个月下来,英帝国主义遭受了很大的损失。可是,由于人口暴增，广州本身也遭遇到了困难：粮食不足，燃料缺乏，物价上涨，到处可以看到市民在抢购东西。市场上，不少货架空了，商人的营业受到严重的影响。人们的情绪开始波动。罢工初期，各处茶楼、酒馆墙上贴着的“欢迎反帝罢工回国工友”“优待罢工工友到本楼饮茶”的标语或招贴，现在也渐渐不见了。而且，商人对罢工的怨言也在日益增多,说什么“商人赔本了，万岁友（‘万岁友’是一些商人、市民对罢工工友的轻蔑称呼，因为他们开会、游行时，经常喊‘万岁’）发财了”“这一下可把我们生意人害苦了”。有人甚至恶毒攻击说:“什么封锁香港？简直是借故勒索！”

与此同时，“反对一切帝国主义”的口号，也使帝国主义列强结成了反华联盟。英、美、法、日等帝国主义联合封锁广州，加重了广州的困难。罢工遇到了严重的威胁。

各方面情况汇总到了罢工委员会。委员会立即召开会议，商讨解决办法。会上大家议论纷纷，但提不出好主意。会议主持者只能宣布暂时休会。

夜深了，邓中夏推开窗，一轮弯月挂在天空。

但此时的邓中夏无心赏月，他陷入了沉思。省港大罢工能不能坚持下去，现在已经到了关键时刻。能找到解决问题的办法，大罢工就能继续下去，否则就会前功尽弃……

想到这里，邓中夏打了个寒战。他将目光从窗外收回，无意中落到了墙角的行李箱上。行李箱虽然有些破旧，但一直伴随着他走南闯北，这次它又要跟随自己离开这里吗？他在脑海里打了个问号，索性把行李箱打开。在翻盖的夹层里，是他的一些证书，他随手拿出了一本，“毕业证书”几个字映入眼帘。他仔细地端详着，嘴里念叨着“毕业证书，证书，证书”，突然想到什么？

“有办法了。”他跳了起来，拿着证书就地跳了

3次……

第二天，会议继续进行，大家还是面面相觑，气氛相当沉闷。

邓中夏不慌不忙地站起来说：“我想到了一个办法。”

大家目光都集中到邓中夏身上。

“实行‘单独对英’的策略。”邓中夏郑重地说。

苏兆征欣喜地说：“这个办法，真是太妙了！你仔细和大家说说。”

邓中夏说：“反对一切帝国主义是对的，各国帝国主义者都是侵略者，但华南主要是英帝国主义者的势力范围，广东市场完全为英帝所把持，市场通用的货币、广东的海关也掌握在英国人手中，沙面的帝国主义头子也是英国人。日、美、法各国也与英国之间存在很大矛盾。树敌太多对我们自己不利，对帝国主义应该区别对待，应该分化瓦解敌人。”

有人说：“这不是又让帝国主义占到便宜了吗？这

样一来，打击帝国主义不就成为一句空话了吗？”

邓中夏继续解释说：“从表面上看是这样，但是我们要区别对待，这次大罢工的主要目标是英帝国主义，如果我们坚持都打击，它们结成联盟，我们的罢工就会陷入困境甚至有夭折的危险。我们放开其他，堵住英帝国主义，就会变被动为主动，广东的许多日用品就可以进来，农民的产品也可以输出去，农民、商人便不会再反对罢工。”

大家频频点头，觉得邓中夏说得非常有道理。

有人迫不及待地说：“如何具体操作呢？”

“发给特许证书。”邓中夏一字一顿地说。

不日，省港罢工委员会发表了《关于设立特许证的通告》，规定：“凡非英国产品及不由英国船只又不由香港运来者，一律发给特许证。其所有领到特许证者，准其货物存入非英国货仓，并准其出仓。”

“单独对英”策略，拆散了各帝国主义国家的联合阵线，孤立了英国。华南一向是英国的势力范围，广东市场完全被英国把持，现在，省港罢工委员会实行针对英国的“特许证”制度，在日、美、法等国看来，这是在广东市场上取代英国的大好时机，各国的公司、洋行、商船纷纷前来广州。他们为广州送来了大量的粮食、煤炭、石油。

自实行“特许证”制度后，广东的经济摆脱了香港的钳制，得到了独立发展，广东的商务也发生了翻天覆地的变化。因为封锁香港，内地从香港采办货物的，也改为在广州采办，广州的批发商业因此骤然兴盛。这样一来，促进了工商联合，广东商人不但不再反对罢工，还积极支持罢工。

罢工得到了有力的巩固，英帝国主义更加头疼了。

实行“单独对英”和“工商联合”的政策后，省港大罢工的形势大为好转，局势稳定。但在几个月的斗争中，邓中夏也深深感到香港罢工的工人队伍是好的，但却处在许多坏头头的控制之下。这些坏头头要名誉、要地位，有了职位又常常滥用职权图谋私利，严重影响了工会组织的建设。工会是为无产阶级谋利益的，是保障无产阶级利益的，是无产阶级的武器——“红色炮台”。炮台建设不好，就不能打倒帝国主义。

为了提高大家对工会重要意义的认识，从 1925 年 11 月起，邓中夏就在《工人之路》上连续发表了《怎样保证工人罢工胜利》《炮台政策》《保障罢工省力的两个炮台》《前方炮台怎样建筑》等一系列文章。

“要保障罢工胜利，我们只有采取炮台政策。”他举例说明：1922年，香港海员大罢工时曾同英帝国主义订立了协议,但后来协议“成了一张废纸”。为什么?就是因为工会组织得不好，“炮台”没有建成。所以我们一定要建筑炮台，特别是要建筑“前方的炮台”。

罢工委员会会审处主任谭华泽贪污、腐败，梁子光背后搞小动作要自行另立组织，这些都在工友中造成了不良影响。

如何解决这个些坏头头的问题，大家都束手无策。为此，邓中夏组织召开党团会议进行讨论。

会上，大家非常气愤，争论十分激烈。

有人说:“应该立刻揭露他们的野心，清算他们的恶行,并且采取最坚决的手段,给以严厉、无情的回击。”

另一个人马上接过话茬说:“这样做，恐怕会造成更大的分裂，使罢工陷入瓦解的境地。”

可是，这种意见刚一提出，就遭到一些同志的坚决反对。他们说：“如果承认坏头头们的作为，就等于放弃了党和全总对工会的领导权，是一种无原则的迁就行为，整个罢工前途，不堪设想。”

大家争得面红耳赤，谁也说服不了谁。

邓中夏放下手里的笔：“说说我的意见吧！”

屋里静下来，大家注意地听着。

邓中夏分析了当前的情况，冷静地说：“你们说，这些坏头头原来之所以赞成罢工，为的是什么？是为了反帝？为了爱国？”他停了一下，环顾了一下大家。

“不。如果这样看，就完全错了。他们赞成罢工，主要是为了保持他们的权力、他们的地位，想通过罢工捞一笔油水。最近发生的一些问题就充分证明了这一点！是的，当前情况是严重的，怎么办？怎么来解决呢？”邓中夏拿起水杯喝了一口水。大家的目光都集中在他身上。

"我想，为了团结，为了争取他们，为了使罢工能更好地坚持下去，我们能团结的要团结，该打击的必须坚决打击。"他把水杯在桌子上重重顿了一下。

有人吃惊地瞪大了眼睛。

邓中夏笑了笑，拿在手里的笔在空中划了一条弧线："我们决不能放任自流，不，绝不！全总的领导必须坚持，罢工的领导权，是绝对不能放弃的。"

有人不解地问："那怎么才能做到这点呢？"

"是呀，既要团结大多数，又要打击极少数，就要做到有理有据。最近几天，我想出了一个办法，不知是不是合适。我想，为了让我们的打击更有力，我们需要组成一个调查组，对坏头头进行调查，香港各工会派员参加调查组，调查结果由他们来公布。"邓中夏做了一个有力的手势。

"这样会不会打草惊蛇？"有的同志说出了顾虑。

"这个问题提得好，为了不产生意外，我们可以采取调虎离山的办法。"邓中夏笑呵呵地看着苏兆征，

“只能辛苦苏委员长，让谭华泽陪你去一趟香港了。”

苏兆征心领神会：“好，我们明天就出发。”

第二天，由罢工委员会和香港各工会人员组成的调查组进驻了会审处。

3天后，苏兆征和谭华泽从香港“谈判”回来了，他们直接被请到了工人代表大会会场。一走进会场，谭华泽就觉得气氛有些不对。会场上，纠察队员把住了各个出口，空气紧张凝重。

谭华泽和苏兆征落座后，会议主持人何耀全宣布：“各位工人代表，今天有一件重要的事情，要向大家报告。”

大家都屏住呼吸。

“就是谭华泽的营私舞弊、私自移交罪犯、枪支来源不明等罪项。”何耀全话音刚落，会场一片哗然。

谭华泽“呼”地从座位上站了起来，大声喊着：“你们这是陷害，你们这是故意打击香港工会。”他想煽动在场的己方工会代表和自己一起反抗。

“把他抓起来！”何耀全一声令下，两名纠察队员立刻上前给谭华泽戴上手铐。

会场上出现了骚动。“凭什么抓人？”谭华泽一方的工会代表质问。

何耀全站在台上使劲摇着铃，会场逐渐安静下来。

“下面，由纠察队总队长黄金源公布谭华泽舞弊营私的调查结果。”

黄金源心中五味杂陈，说不清楚是喜是悲：“最近我们纠察队在三关门河面，查获了从香港运往内地的10万斤咸鱼，交到会审处后，谭华泽竟让商人1000元具结，给释放了。这是收据，你们说这里面能没有问题吗？”

台下响起嘘声和喊声。

何耀全继续说：“肃静，大家肃静，下面由海陆理货员工会代表公布会审处案件管理和审理情况。”

海陆理货员工会代表气愤地说：“我们调查的结果是，会审处管理乱七八糟，有的犯人在押长期不审，有的审了却没有留下任何案卷，更为严重的是会审处还把5名犯人弄丢了！”

会场上，代表们愤怒到了极点。

“审判他！审判他！”代表中有人喊道。

谭华泽脸色苍白，豆大的汗珠不断从脸颊滚落。

代表们选出了新的会审处主任。

最后，邓中夏离开座位，慢慢走到台前。

他脸色严肃、声音沉重地说：“各位代表，今天的事，很痛心。我们都要吸取教训。大家知道，工会是我们向敌人作战的炮台，罢工委员会是我们的总炮台。我们在虎门立了炮台，北洋军阀派来的军舰，就不敢来了。我们有了罢工委员会这个总炮台，就可以和帝国主义作决死的斗争。各位代表，今后再有破坏我们炮台的，我们怎么办？”

“斗争！”“坚决斗争！”台下吼声不断。

此后，省港大罢工声势愈壮。

在邓中夏等人的领导下，省港大罢工坚持了16个月，直至 1926 年 10 月才宣布罢工结束。

1927 年，邓中夏调任中共中央秘书长。

火总会烧起来的

1927 年，蒋介石、汪精卫相继发动反革命政变，全国各地陷入白色恐怖之中。为了应对急转直下的革命形势，7 月 19 日，中共中央派邓中夏和李立三到九江，与叶挺等人开会研究共产党指挥的部队随国民革命军第二方面军总指挥张发奎南下的问题。邓中夏、李立三、谭平山、叶挺、聂荣臻等在会议上分析当时形势，一致认为：在 7 月 15 日汪精卫叛变革命之后，张发奎的态度已经出现犹豫和右倾，我党再依附张发奎的部队去广东发展已经没有可能，必须要将自己的武装集中起来，进行独立的军事行动，举行南昌起义。当时，瞿秋白正在庐山，邓中夏和李立三带着九江会议的方案去庐山征询瞿秋白的意见。瞿秋白表示完全赞成，并说他要回武汉参加中共中央会议。邓中夏和李立三请瞿秋白把九江会议的意见代向中共中央汇报，请中共中央迅速作出决定，他们则继续留在九江进行南昌起义的准备工作。不久，邓中夏、李立三、谭平山、恽代英 4 人召开了第二次九江会议，建议贺龙和叶挺的部队于 7 月 28 日集中南昌，28 日晚举行起义。会后，他们将建议报告中共中央。

接到报告，中共临时中央政治局在 7 月 25 日于汉口召开会议，同意了邓中夏等人提出的在南昌举行起义的建议，并决定组织前敌委员会，周恩来任前敌委员会书记。25 日，周恩来奉命由武汉赶到九江，向邓中夏等人传达了党中央的决定，并进一步研究起义计划和准备工作。事后，大家派邓中夏带着详细计划去武汉向中共中央报告。

邓中夏没有参加八一南昌起义。当时，他正以中共中央秘书长的身份，投入党的八七会议的紧张筹备工作。8 月 7 日，中国共产党紧急会议在汉口召开。邓中夏与瞿秋白等中共中央委员、候补委员出席会议。由于形势紧张，会议只开了一天。就在这天，中共江苏省委机关被敌人破获，省委书记陈延年被捕牺牲。中共中央经过研究，决定调邓中夏担任中共江苏省委书记。

一个阴雨绵绵的早晨，一艘长江航轮在上海码头靠了岸。

邓中夏下了船后，叫了一辆洋车，匆匆往市内奔去。街上寂静得让人害怕，行人稀少，偶尔碰到几个，也都是神色惊慌，脚步匆匆。一路上，到处可见“枪毙共产党 ×××”的告示。

在一个路口，邓中夏下了车，辨认了一下方向，迅速拐进了一个弄堂。七拐八拐之后，他在一个店铺前停了下来，迅速环顾一下四周，才按照事先约定的暗号，叩响了门板。

没有任何回音。他又重复了一遍，才听见开门的声音。一个年轻人探出了头，看他一眼，又向左右看了一下，一把把他拉了进去，拴好门。进了屋子，那人才仔细打量着邓中夏，邓中夏也仔细打量着这个人。

“老邓。”“若飞。”

两人几乎同时开口。

“组织上通知说你要来，可把你盼来了！”

“没想到接头的是你？”

两人早就认识，只是很少见面，这次再见，自然是十分高兴。

“若飞，快说说现在全省的情况。”邓中夏急切地说。

“你不休息一下？”

“着急呀！”

“也好，来的路上你已经看到了，白色恐怖笼罩着整个上海。现在，江苏省的各级党组织都被破坏了，各地的党组织几乎都处于瓦解与瘫痪状态，将近2000人牺牲了。”王若飞眼睛湿润了，声音哽咽。

“若飞，坚强起来，革命同志的血不能白流，我们只有继续战斗才是对他们的最好回报。”邓中夏语气坚定地说。

“你马上联系还在的省委同志，3天后到你这里召开省委会议。”邓中夏布置着工作。

3天后，省委会议如期召开。会议成立了以邓中夏为书记的新的中共江苏省委，常委会由邓中夏、王若飞、郑复他、项英、刘伯坚、李富春、陈乔年等11人组成，下设组织部、宣传部、农运部、农民运动委员会、职工运动委员会、军事部、破坏反革命军队运动委员会、妇女运动委员会、国民运动委员会等部门。陈乔年为组织部部长，李富春为宣传部部长，王若飞为农运部部长。

邓中夏在会上传达了党的八七会议精神。

邓中夏说：“在极其险恶的局势下，党的队伍中的一些人在政治上、思想上陷入混乱状态，党内存在着相当严重的消极情绪。一些不坚定的分子动摇悲观，登报声明脱离共产党和共青团；有一些同志逃离家乡到外地隐藏起来；有的人甚至公开向敌人忏悔，攻击共产主义和共产党，出卖党的组织和同志，成了可耻的叛徒。现在，我们省委成立了，主要任务是整顿被破坏的组织，撤换不称职的领导，疏散暴露了的党员，把一些得力的干部派到外地，充实各市、县的组织，动员组织群众举行农民武装起义，没收地主土地，建立革命政权,迅速打开‘武装反抗国民党’工作的局面，扭转不利的形势……”

会议开得非常成功。

会后，王若飞对还没有固定住处的邓中夏说：“老邓，我领你去一个地方吧，组织上给你找了个地方。那里住的是可靠的自己人，一个女同志带个孩子。你可以去住一段时间。你和那位女同志以姐弟相称。”

邓中夏想了想说：“也好。”

在这样的形势下，是没有条件可讲的，安全才是最重要的。

两天后，王若飞和邓中夏按照约定的时间，到了邓中夏要住的地方。

王若飞把一位中年妇女介绍给邓中夏："这是我们的同志，她丈夫也是我们的同志，叫陈权。她和孩子是从广东过来的。"

"陈权？你是陈权的妻子？"邓中夏惊奇地问。

陈权的妻子点了点头，没有说话。

"你们认识？"王若飞有些诧异。

邓中夏连忙亲切地说："认识，认识，我和老陈在广州的时候经常见面，就是没跟嫂子见过面。"

他知道陈权已经被捕，关在狱里，便问："老陈最近有消息吗？"

陈权的妻子流下了眼泪。

邓中夏安慰说："不要伤心，他已经改了名，敌人并不知道他是陈权，迟早会出来的。组织上会设法营救他。"

他摸摸孩子的头，问："几岁了？"

“4 岁了。”陈权的妻子说。

邓中夏将孩子抱过来，亲了一下，说：“小革命，我们认识认识好吗？”

陈权的妻子笑了。

组织上只告诉她说有一位领导要来这里住，还要假称是自己的弟弟，没想到是自己爱人的领导。陈权妻子的心落地了。

邓中夏知道陈权妻子在做恢复党组织的工作，向她问起这两天恢复党组织的情况。

“困难很多呀！”陈权妻子叹了口气，面对白色恐怖，一些意志薄弱者，“我去找他们，有的很冷淡，有的想尽办法躲开我，有的上去和他说话，他连理都不理，就好像陌生人一样……”

邓中夏拧起眉，心情沉重地说：“没有关系！我们总会找到真正的同志的。火，总有一天还是会烧起来的！我们要严格约束自己，地下工作的纪律，一丝一毫也违反不得。还要特别注意，以后见到熟人，不要随便打招呼。

万一不幸被捕，决不能暴露自己和同志们。”

他微微提高了一点声音，有力地说：“越是在这样的情况下，越要有坚强的信心。我们要相信党，相信革命，相信我们一定能胜利！”

昏暗的灯光下，邓中夏铺开纸，开始整理党的八七会议和省委会议的精神。他想尽快将它们传达到各地，让在白色恐怖下战斗的同志们及时听到党的声音……

核对笔迹

广州起义失败后，张太雷牺牲，党中央随即任命李立三为中共广东省委书记，负责处理起义失败的善后事宜。当时，广东党内普遍对省委领导意见很大，李立三未做调查研究就附和一些人，指责另一些人，导致一部分同志向党中央告状，造成广东党内的混乱。1928 年 2 月，中共中央了解这一情况后，立即调邓中夏去广东接替李立三的职务。

当时，中共广东省委机关设在香港。邓中夏来到香港后，对部分同志进行了说服教育，纠正了他们的一些错误做法，产生了良好的效果，逐步消除了广东党内的埋怨和对立情绪。

一天下午，天气晴朗，在香港竖道一座小洋房的二楼上，邓中夏正在主持中共广东省委常委会。

窗户边，坐着一个望风的人。街上非常安静，只有偶尔路过的行人。

“大家对省委给琼崖特委的指示信，有什么意见没有？”邓中夏问大家。

“同意！”

“我同意！”

“我也同意！”

…………

“好，一致通过！”邓中夏十分满意。他看了看表，将信递给秘书小张，“小张，琼崖特委的交通员几个小时后就要上船，你赶快把这封信送到秘书处，要他们用米汤写好，立刻发出。”

小张接过信离开了。

小张走后没多久，邓中夏他们忽然听到外面警笛声大作。省委机关被包围了。怎么办？出是出不去了，邓中夏果断地命令大家赶紧散开，装作互不认识的样子，让大家按照事先约定的说辞去应对警察。不久，许多荷枪实弹的警察冲了进来。香港的一座楼往往住着好多户人家，本来大家可以说是这里的住户轻松应付过去的。可是，事情偏不凑巧，一封省委给东江特委的指示信被敌人抄了出来，就这样，所有的同志都被捕了。

原来，香港警察局突然搜查会场，是有人向香港警察局报告，说共产党员黄谦在屋里开会。黄谦是中共广东省委常委，大革命时期在广州郊区工作时，曾处死过一个恶霸地主，地主的儿子从此怀恨在心。大革命失败后，这个地主的儿子来到香港到处打听黄谦的下落。一天，地主的儿子在街上发现了黄谦，便对黄谦盯梢跟踪。他见黄谦进入一座小洋房后，便立刻到香港警察局报告。警察局听说黄谦是共产党员，随即派出大批警察来到中共广东省委地下机关……

敌人把邓中夏他们押上警车，一路呼啸着向警察局驶去。

党中央在得知邓中夏和几名中共广东省委常委被捕之后，立即派人到香港组织营救，聘请了一位英国籍的大律师为邓中夏及其他几位同志进行辩护。香港法院开庭审理时，英国大律师以核对“指示信”笔迹为突破口，与警方代表在法庭上进行了激烈的辩论，邓中夏等人也据理力争，抗议警察当局侵犯人权。由于香港当局始终未能查明邓中夏等人的身份，又没有掌握确切证据，法庭只得作出判决：除黄谦外，被拘留的其他人全部释放。其他人获释后，立即离开香港。

邓中夏获释后，不久便奉命去莫斯科参加中共六大。

何罪之有

1928年，邓中夏到莫斯科后，先后参加了中共六大和共产国际第六次代表大会，并以中华全国总工会驻赤色职工国际代表、中共驻共产国际代表团团员身份留在莫斯科工作。此前，王明等人在莫斯科中山大学校长、共产国际东方部副部长米夫的支持下，蓄意制造出一个名为“江浙同乡会”的组织，说其是反革命组织，将在莫斯科中山大学学习的中共党员俞秀松、董亦湘等人说成是该组织的头子。很多中国学生不服，纷纷向中共中央和中共驻共产国际代表团告状。

为此，中共驻共产国际代表团团长瞿

秋白派团员邓中夏、余飞到中山大学调查事情真相。

一天，邓中夏、余飞来到中山大学，在支部局见到了米夫和王明。

“我们是受中共驻共产国际代表团的委托，来了解‘江浙同乡会’的一些情况的。”邓中夏说明了来意。

米夫脸色立刻阴沉下来，说：“这个事件已经有了结论，还有调查的必要吗？”

“很多学生反映这是一个错误的结论，中共驻共产国际代表团必须要给学生们一个明确的答复。”邓中夏没有想到米夫会抵制调查，越发感觉到其中有问题。

“对不起，这个事件已经定论，我们不能配合调查。”米夫态度蛮横。

“米夫校长，这事关系我党一些同志的政治清白，不能没有说法。”邓中夏也态度强硬起来。

“中山大学支部局已经作出结论，不能更改。”米夫毫不退让。

邓中夏、余飞商量了一下，说:“米夫校长，您的这种态度出乎我们的意料，如果您坚持不让我们调查，我们将向上级机关反映。”

“这是你们的权利。”米夫两手一摊，作出无所谓的样子。

邓中夏和余飞只好离开中山大学，回中共驻共产国际代表团向瞿秋白汇报情况。瞿秋白在听了他们两人的汇报后，也觉得这里面有问题。

他们决定请共产国际监察委员会、联共检查委员会和中共驻共产国际代表团组成三方联合审查委员会，负责审查“江浙同乡会”事件。

经过调查核实,联合审查委员会最后否认存在“江浙同乡会”。中共驻共产国际代表团将调查结果如实上报中共中央后,中共中央为俞秀松、董亦湘等人平了反。

纠正了一起政治错误，邓中夏心情特别舒畅。但他没有意识到，米夫和王明却把这次“失败”的账记在了他的身上。

当邓中夏、瞿秋白等发现米夫与王明等人关系极不正常，有阴谋培植王明一伙夺取中共中央领导权的种种迹象时，就由瞿秋白向共产国际东方部部长库西宁提出建议，撤掉米夫的中山大学校长职务，由鲍罗廷接替。但提议最终未被共产国际采纳。米夫风闻后，对瞿秋白、邓中夏更加怀恨在心，伺机蓄意报复。

从 1929 年下半年起，联共（布）中央又掀起了一场“清党”运动。联共（布）中央监委派出的“清党”委员会进入中山大学，在中山大学开展了一次“清党”活动。

米夫、王明把矛头对准中山大学团支部局中反对过他们的共青团员，指责他们没有“按党的决定办事”“要团支部局改变路线”“公开无视党的领导”，犯了“先锋主义的罪行”，将一些共青团员打成“先锋派反党集团”，要把团支部局负责人李剑如、余笃三等 10 多个学生送到西伯利亚去做苦工。

邓中夏听说后，异常愤慨。他找到米夫，说：“你们说李剑如、余笃三是搞派别活动，你们了解他们吗？李剑如是大革命时期上海工人运动中受尊敬的英雄，余笃山是武汉工人运动中著名的积极分子。”

“这些都是过去，跟现在没关系。”米夫满不在乎地说。

他质问米夫：“如果这些学生真正有问题，为什么不送回中国，让他们接受革命斗争的考验？为什么要把他们流放到西伯利亚做苦工？”

“你无权干涉学校的反右倾运动。”米夫蛮横地说。

眼看着革命同志被诬陷，邓中夏痛心疾首却又无能为力。

在学生问题上，邓中夏和米夫的矛盾发展为公开的斗争。中共驻共产国际代表团不能干预莫斯科中山大学的反右倾运动。在近千名中山大学学生中，只有拥护米夫的王明等人顺利通过审查。很多学生被戴上“托派”“右派”“反党分子”等帽子。其中，来自上海的工人运动积极分子吴福海被戴上“流氓无产者”

的帽子，被学校给予“开除党籍”的处分。

吴福海参加过上海工人第三次武装起义，被资本家开除出厂后，党组织送他来莫斯科中山大学学习。在“清党”运动中，他和同学们在墙报上发表文章，揭露米夫官僚主义的种种表现，还画了一幅漫画，把米夫画成腋下夹着皮包，神气活现、脱离群众的官僚主义者。因此，他遭到米夫的嫉恨和打击。

在邓中夏的帮助下，吴福海向共产国际提出了申诉。

在共产国际的干涉下，莫斯科中山大学当局不得不摘掉吴福海“流氓无产者”的帽子，撤销对其“开除党籍”的处分。

不久，米夫、王明密谋篡夺中共最高领导权，指使中山大学一部分人在墙报上贴出了批评中共领导人的文章。

邓中夏知道后非常气愤，立刻找到王明，批评他是在破坏中共领导人的威信，让其予以纠正。

但米夫、王明依然我行我素，邓中夏的劝阻和批评，也让米夫、王明更加怀恨在心。

米夫指使王明等人仔细查阅中共六大以来邓中夏和瞿秋白刊登在共产国际内部刊物上的讲话、文章，从中断章取义地摘抄同共产国际立场相抵触的字句，上纲上线。在莫斯科中山大学的“清党”大会上，王明等人不仅把大批反对他们的学生诬为参加“第二条路线联盟”的反党分子，而且以摘抄的邓中夏和瞿秋白等人的言论为“证据”，点名指责邓中夏和瞿秋白等人反对共产国际，是莫斯科中山大学“反党第二条路线联盟”的支持者，“犯了机会主义的罪行”。

中共驻共产国际代表团向联共中央和共产国际提出意见，他们派联共中央委员吉尔萨诺娃到中山大学调查。米夫通过其上层关系对调查人施加压力和影响，使吉尔萨诺娃拿出一个违背客观事实、符合米夫意图的调查报告，说“支部局基本上是正确的……第二条路线联盟基本上反党”。因而，邓中夏和瞿秋白成了“机会主义和异己分子的庇护者”。

联共（布）中央以此为据宣布了所谓的调查结果。之后，共产国际政治委员会于1930年春通过《因中大派别斗争关于中共代表团行动问题决议案》，“以坚决的态度谴责中共代表团的代表对于中大派别斗争的行动，并请中共中央以必要措施刷新代表团成分，并与国际执委政治秘书处商立新的成分”。

在米夫向中共驻共产国际代表团全体成员宣读共产国际政治委员会的决议后，邓中夏立即站起来，异常愤怒地说：“我反对这一错误决议。我们所做的一切是在保护革命同志，维护党的利益，何罪之有？我将向共产国际主席团提出控诉！”

这个决议就是通知，没有给邓中夏控诉的机会。

邓中夏和瞿秋白奉命“回国”。回国后，邓中夏被党中央派往湘鄂西苏区，任湘鄂西苏区特委书记和红二军团政委兼前敌委员会书记。

米夫、王明宗派集团的阴谋得逞了。

在莫斯科期间，邓中夏还陆续进行了《中国职工运动简史》的写作，以实现自己多年来的愿望。

这部著作，邓中夏计划写30章。但到1930年7月回国时，他只写出13章，共计16万余字。之后，这部著作在莫斯科出版。这部著作严格依据中国工人阶级自身发展（组织和斗争）的进程来谋篇布局，系统地记述了中国工人运动历史发生发展的过程，深刻地阐述了工运史上重大事件的历史地位，是一部前所未有的中国工人运动史的开山之作。

让我再看一眼孩子

1931年初，王明篡夺中共中央领导权后，对邓中夏进行了打击报复。他以党中央的名义，发出《关于军事路线问题给二军团全体同志的信》，指责邓中夏犯了“立三路线”“富农路线”和率领“二军团不断逃跑”的错误。信中还说：“中央必须告诉二军团全体同志”，邓中夏“在国际的时候，曾经犯过严重的反国际的错误，曾经被国际撤销他的工作，派回中国在实际工作中改正他的错误”，但前中央不但不让他做“下层的群众工作”，反而派他到湘鄂西担负重任，这是前中央领导人犯了“‘派别利益’高于一切的错误”。

1931年底，邓中夏被撤掉湘鄂西特委书记、红二军团（后改为红三军）政委兼前敌委员会书记职务，经武汉、芜湖、南京等地辗转来到上海，等候中共中央处理。

邓中夏回到上海后，由于没有工作和生活来源，陷入困顿之中。贫病交加之下为了生存，他有时不得不到码头、车站做搬运工，换些零钱买点吃的。劳累和饥饿终于把邓中夏击倒了，他蜷缩在出租屋里，发着高烧。

一天，一位参加省港大罢工后转移到上海的地下党员来看望邓中夏，才发现他病得不轻。他给邓中夏弄了点吃的，就急忙去找邓中夏的妻子李惠馨（之前叫李瑛，后来又改名夏明）。在省港大罢工中，他和邓中夏、李惠馨都是亲密战友。

李惠馨知道情况后，焦急万分。此时，李惠馨早已从莫斯科回到上海，在中共中央备用的最机密最隐蔽的电台工作。她找到领导，恳切地说："中夏病得很厉害，我想回到家里去住，这样也好照顾他。”

领导不屑一顾地说：“他现在是被审查的对象，你必须和他划清界限，怎么还能回去照顾他？”

“组织上审查他，我无权干涉，但我知道中夏这么多年出生入死，对党是忠诚的。”李惠馨坚定地说。

“你不要被个人感情蒙蔽了眼睛，如果他没犯错误，组织上会不给他安排工作吗？我是不会同意你和他接触的。这是纪律。”领导的态度很强硬。

李惠馨也被激怒了，大声地说：“只要邓中夏还是共产党员，他就是我的丈夫，我要和他一起生活。”

领导一愣，这完全出乎他的意料：“好，你坚持照顾他，那你只能离开这个岗位。”

“我服从组织决定，我不能让他就这样病死！”李惠馨的眼里噙满了泪水。

离开党中央机关后，李惠馨和邓中夏住到了一起。为了生活，她到一家日本纱厂做工，每月挣 7 块钱。其中，房租需 3 块。他们夫妻就靠着剩下的 4 块钱，过着一把米一锅粥的清苦生活。

在李惠馨的精心照料下，邓中夏的病情渐渐好转。这时，李惠馨也怀孕了。

看着妻子头上出现的白发，邓中夏内心充满了愧疚。

李惠馨在日本纱厂每天工作 12 个小时，从天不亮干到天黑，怀孕时依然如此。日本纱厂有规定，女工不得怀孕，不然就开除。李惠馨整天担惊受怕，营养又不好，加之过度劳累，几个月后就早产了。

看着襁褓里的孩子，李惠馨心如刀绞。她知道，现在连大人都吃不饱，更别说养活孩子了，再说她还要上班，也根本没时间来照料孩子。

“哥哥（邓中夏与妻子一直以哥哥妹妹相称），你还是给他找个能养活他的人家吧！”孩子的哭声像一枚枚针扎在李惠馨的心头，如果不是生活所迫，谁又忍心把自己的亲生骨肉送人？

同样痛苦的邓中夏劝慰着她：“妹妹，一个革命者，就是要吃尽这世上的苦中苦啊，我们能被这痛苦吓倒吗……我们都是党的战士，绝不能为了个人的爱而放弃对集体的爱，需要的话，是要把自己的一切都交出去的。”

李惠馨用被角捂住脸放声大哭……

“让我再看一眼孩子。”李惠馨眼巴巴地看着邓中夏怀中的孩子。

等李惠馨不忍别离扭过头去时，邓中夏抱着孩子走出了家门。两行热泪顺着他的脸颊流了下来，落到襁褓上，他的心如刀割般难受，但在妻子面前却不能表现出来……

邓中夏没有告诉李惠馨孩子送给了哪家，只是告诉她，那户人家很好。

党叫干啥就干啥

在上海，邓中夏和妻子李惠馨过着拮据的生活，但他们的精神是快乐的。大病初愈的邓中夏在家里操持家务，李惠馨在纱厂做工。闲暇时，邓中夏就跟李惠馨讲红军的故事，讲苏维埃政府，讲赤区与白区，讲“左”倾错误路线造成的损失。每每讲到这些，他的眼里都会噙满泪花。

李惠馨知道邓中夏既是在讲给她听，也是在反思自己的工作、反思党的工作。

有一天，联络员带来口信，让邓中夏去沪东区委报到。邓中夏和李惠馨相拥而泣：党没有忘记我们！邓中夏一夜未眠，革命的场景像电影一样一幕幕从眼前掠过……

第二天，邓中夏早早来到沪东区委。区委书记陈伯明把他让进屋里，劈头就问：“你就是邓中夏？”

“你犯了严重错误，被撤销了党内外一切职务。没想到呀，堂堂的前中央委员，要屈尊到我这小小的区委了。”陈伯明阴阳怪气地说。

陈伯明是“左”倾教条主义者，处处以“百分之百的革命派”自居。

邓中夏克制着自己，没有说话。

“你能干些啥？”他看邓中夏没有接话茬，也就没再接着说。

“什么都能干，只要是革命工作就行。”邓中夏认真地回答。

“什么都能干？领导工作是你能做的吗？保密工作是你能做的吗？都到这份上了，还这么大的口气。”陈伯明鸡蛋里挑着骨头。

邓中夏没有接话，用一只手使劲地掐着另一只手的中指。

“你先在宣传部干些杂活吧！”陈伯明一副高高在上的样子。

“好，我这就去。”邓中夏没有多说什么。他觉得现在说什么都是多余的、苍白的。

在区委宣传部，擦桌子、扫地、打水、印传单、送传单等成了邓中夏的日常工作。他没有一句怨言，每一件事都做得非常认真。

领导见他积极肯干，又让他和宣传部的匡亚明一起办油印小报《前锋》。

由于邓中夏和匡亚明把《前锋》小报办得很出色，上海党组织内的许多人都知道沪东区委宣传部有一个很会写文章的干部，便纷纷到这里来求援。

中共江苏省委妇女部部长帅孟奇在上海开展妇女工作，认为妇女部拟发的《“三八”妇女节宣言》力度不够。她听说沪东区委宣传部有个干部很善于写作，便想去找那个干部帮助修改。按事先约好的联络暗号，两人一见面，她发现那个干部居然是邓中夏，不禁大吃一惊。

原来，帅孟奇在莫斯科学习时就认识了邓中夏，知道邓中夏是赤色职工国际中央执行局委员、中共驻共产国际代表团团员，是党的高级领导干部。如今，他竟在沪东区委宣传部办小报，这使帅孟奇有些费解，不禁问：“你怎么到这里来了？”

邓中夏笑着答道：“共产党员嘛，党叫干啥就干啥，哪里需要就到哪里。”

帅孟奇没有多问，而是直接说明了来意。邓中夏一边帮她修改《“三八”妇女节宣言》，一边教给她开展群众宣传工作的方法。

邓中夏说：“宣传品要适合宣传的对象，要有鼓动性，内容要生动活泼；女工中有许多童工，她们对长篇大论的文章看不懂，应该针对童工爱唱歌谣的特点，编写一些好背、好听、好懂的歌谣。”

沉思了一下，邓中夏写出了一段歌谣：

三八节，三八节

劳动妇女大团结

打倒日本帝国主义

打倒汉奸卖国贼

帅孟奇看后，连声称赞：“简单明了还通俗易懂”。

三八妇女节过后，五一劳动节很快就到了。由于当时上海国民党反动派对工人阶级轰轰烈烈的革命斗争进行了疯狂镇压，逮捕了大批革命同志，并且严禁集会、示威和游行，因此五一劳动节就不能再像三八妇女节那样搞宣传了。为了搞出特色，帅孟奇又来请教邓中夏。

邓中夏对她说：“反动派进行反革命镇压，是他们心虚的表现。他们越疯狂，我们越不能停止斗争。五一劳动节的时候，天不是热起来了吗？何不把宣传内容编成歌谣或短诗，发动积极分子用各种颜色写在扇子上，在工人面前打开扇子进行宣传？如果敌人来了，大家把扇子合起来就走。这样，敌人就无法察觉。”

邓中夏用上次的歌谣调子又帮帅孟奇编了一首歌谣：

五一节，五一节，全国人民大团结

联合农民兄弟们，打倒蒋介石卖国贼！

帅孟奇拍手称赞：“这办法太好了！老邓，你真是百宝箱呀！”

邓中夏微微一笑。

我不认识这个女人

1932 年 11 月 3 日，担任中华全国总工会内部交通员的李惠馨到圣母院路高福里送一份急需翻译的赤色国际发来的文件。由于叛徒出卖，她与翻译朱仲芷一起被捕了。面对敌人的严刑拷打，她坚不吐实，保守了党的工运秘密。

李惠馨被捕入狱，邓中夏心急如焚。此时，他刚刚被组织上安排为中国革命互济会党团书记。互济会的主要任务是努力营救我党被捕入狱人员。但邓中夏没有利用职权去营救妻子。李惠馨也为了保护邓中夏，不肯与邓中夏联系，拒绝会见任何人。李惠馨被捕半年后的 1933 年 4 月，邓中夏托人给李惠馨送去他的亲笔信。

妹妹：

几次托人来看你，见不着，送的东西也送不进，真把我急坏了。托人来看你，你又无只字告我，心里更难过，现在又托人来看你。关于你和朱姊（指朱仲芷——笔者注）生活上应如何得到我们的帮助，请对受托人详细地说，以便我好照办。无论如何，请你写一亲笔信给我。我很好。耳病已经治好。

哥哥书

四月二十七日

李惠馨流着泪读完邓中夏的信，泪水打湿了信纸。她写了封简短的回信，告诉邓中夏，她已被叛徒出卖，处境非常不利。信中，她叮嘱邓中夏："你不要来看我。"

5 月 8 日，邓中夏又托人给李惠馨捎去一封信。

妹妹：

你四月二十七的信，我收到了。自从你入狱之后，到现在，整整半年了，我没有接到你半个字，今天得到这封信，你想我是多么喜悦呵！我前后写了四封信，据说有一封你是收到的，大概是去年阴历年底罢；每逢二十七我都托一位女人来看你，据说只有一次见着你，那时你恰在病中，后有几次则因另有人看你，她看不到你了，信和东西送不进去，从此就杳无消息。我多么的挂心呵！好！现在弄清爽了，多谢乐家兄嫂常来看你，我放心了。以后一切东西都请他家代送，我一定照你的话办，是否可能：每逢一、四、七都送食物给你？这样：食物虽少，常送总则一月可以送十二回，每次送的东西以哪几样为最合式（适）？我经济虽困难，每月五元是出得起的。衣物按寒暑另送，为切合你的牢狱生活，我当托他们买暗色的布料做好送来。妹妹，你既然和朱姐住在一块，是学英文的极好机会，切不可放过。每天应常学习不可偷懒，我已把英文津逮和英文字典送来，这样学下去，等到你出来，一定可以把英文学好呀！我打算还替你选购一批书籍寄来，你要知道：牢狱是极好的研究室呀！每天读书，又可以消去寂寞烦恼！

我很好，你嘱咐我的话，我当时时记在心头……我有不少的话要说，有机会再谈罢！

即此祝你健康！

哥哥书

五月八日

这封信给了李惠馨和狱中同志极大鼓舞。他们立即行动起来，学文化、学理论、学外语，还开展狱中斗争，要求改善生活条件。

邓中夏的信转到李惠馨手里后不到10天的时间，他到上海法租界环龙路底骏德里37号三楼亭子间，去找互济会援救部部长林素琴商谈研究救援黄励等60余人的工作。这时，林素琴在互济会的地下活动已经被叛徒刘宏密告给法租界巡捕房，巡捕房在林素琴的住处周围布置了暗探，监视林素琴及与其有来往的人员。邓中夏到林素琴住处不久，法租界巡捕房就派大批警察冲进了林素琴的住所，将邓中夏与林素琴逮捕。

巡捕房逮捕邓中夏后，虽然怀疑他是林素琴的上级，是中共的一个重要干部，但还不知道他就是大名鼎鼎的邓中夏。因此，为了弄清他的身份，一到巡捕房，立即对他来了个“下马威”，把他打得遍体鳞伤，逼迫他交代真实身份。任凭敌人如何拷打，邓中夏一口咬定自己名叫施义，在湖南江华当教员，是来上海访友的。法租界巡捕房一无所获，便把他交给设在法租界的江苏省高等法院第三分院审理。

庭审过程中，邓中夏巧妙周旋，据理力争，并请史良等著名律师帮助辩护，党组织也设法营救，迫使法庭作出判处邓中夏50天监禁的判决。当时，党组织准备先通过“不准移提”办法，不将邓中夏移交给国民党警察局，再想办法在法租界救出邓中夏。但法庭在作出对施义“不准移提”裁定的当天，又作出将被告林素琴移交上海市公安局的裁定，这给“施义案”留下了祸根。

林素琴任中国革命互济会援救部部长的身份，因叛徒刘宏的告密已经暴露，但互济总会的营救人员只坚决反对“引渡”施义,疏忽了同时反对“引渡”林素琴。6 月 13 日，林素琴被押解到南京，在国民党特务机关“中央党部调查科”的酷刑下,她供出了与她同时被捕、现关押在法租界巡捕房的施义就是曾在湘鄂西苏区任红二军团政委等职，现任中国革命互济会党团书记的邓中夏。她还供出去年被捕的李惠馨就是邓中夏的妻子，其职务是全国总工会的内部交通员，关押在法租界监牢。

敌人不知道林素琴的口供是否属实，决定将李惠馨带到江苏省高等法院第三分院与邓中夏当面对质。

法庭提审李惠馨，让她出庭指认邓中夏。法庭上，朝思暮想的两人终于相见了。李惠馨和邓中夏之间隔着玻璃，只有四五步远。李惠馨看着邓中夏，他还是那个中夏哥哥，可是却憔悴、消瘦了许多。他的头发长了，头上还有一块渗着血的伤疤。李惠馨多想像往日一样，帮他剪剪头发，帮他包扎伤口，牵起他的手，共话思念之情……

邓中夏没有想到，和妻子再次见面，竟然是在法庭上。

就在这时，邓中夏突然大叫：“我不认识这个女人！”

法警呵斥邓中夏：“多嘴！没有让你说话！”

沉浸在悲痛中的李惠馨，被这熟悉的声音带回到残酷的现实中。

法官叫李惠馨好好看看眼前这个男人，并问她到底认不认识他？

李惠馨看着邓中夏坚毅的目光，感受着他那昂扬无畏的革命气概，坚定地说：“我没见过这个人。”

法官连续问了几次，李惠馨都坚定地回答不认识。

法官见没啥进展，只好宣布退庭。这时，押送的法警也跟着法官退去屋里歇息。候审室前的走廊上，只剩下邓中夏和李惠馨两人。最爱的人就在咫尺，却不能言语，不能感受对方的温度。邓中夏和李惠馨只能默默看着对方，忍住眼泪，用温暖的眼神传递爱意。

他们真想时间就此停住！

可是不久，看守带走了邓中夏。邓中夏跟着看守从李惠馨身边走过。这一错身而过，便是永别！

林素琴叛变后，虽然敌人最初对她的话将信将疑，但在林素琴的坚持下，敌人不久就确定了她的话的真实性。随即，国民党中央组织委员会电告上海市公安局：施义即邓中夏，要求法租界巡捕房立即将邓中夏转解国民党中央并案！

蒋介石得知消息，大喜过望，用现洋10万元买通法租界各级官吏，将邓中夏“引渡”给国民党上海市公安局，并立即押往南京宪兵司令部。

在南京宪兵司令部，国民党中央党部调查科首先派邓中夏以前的“好友”余飞到监狱“拜访”邓中夏，做他的“转变”

工作。

邓中夏和余飞曾经都是中国共产党驻共产国际代表团团员。1930 年，余飞从莫斯科回国后不久被捕，叛变投敌。

邓中夏见到叛徒后怒不可遏，怒骂道：“无耻叛徒，你背叛了自己的信仰，背叛了党，猪狗不如，你没有资格和我对话。”余飞被邓中夏骂得狗血淋头，狼狈而去。

随后，国民党的中央委员也前来劝降。他们使出最阴毒的一招，利用以王明为首的中共中央推行的“左”倾教条主义和宗派主义，挑拨邓中夏和共产党的关系。他们以为这是邓中夏的“软肋”，必能促其就范。他们对邓中夏说：“你是共产党的老前辈，现在受莫斯科回来的那些小辈的欺压，免了你的官职，还差点开除你的党籍，这样的中共还值得你这样去卖命吗？我们都为你抱不平。像你这样了不起的政治家，只要你脱离共产党，我们保你高官厚禄！”

邓中夏严肃地说：“你们的用意我清楚了。你们的‘好意’，还是留给你们自己吧！我坚信我们党会纠正个别人的错误。你们呢，背叛革命，屠杀人民，犯了人民不能饶恕的大罪。你们还有脸来说别人的缺点和错误，真是不知人间有‘羞耻’二字！”

监狱的同志看到接连有国民党要员来劝降邓中夏，便以监狱共产党地下支部的名义，通过一位难友对邓中夏说：“同志们很关心你，问你有什么打算？”

“打算上雨花台去！”邓中夏说，“你知道罗登贤（被捕前任全国总工会上海执行局书记）的情况吗？他在哪里？”

那位难友回答：“他上雨花台了。”

邓中夏沉思片刻后，敬佩地说：“啊！他先走了一步！”

邓中夏拍了拍难友的肩膀，激动地说：“一个革命者到这个时候，同志们是应该关心他的政治态度的。请你告诉大家，敌人就是把邓中夏的骨头烧成灰，邓中夏还是共产党员。”

此后，国民党宪兵又用种种酷刑折磨邓中夏，想使他屈服。但邓中夏以一个共产党员的钢铁意志，战胜了敌人的残酷摧残。

一次严刑毒打之后，一个特务对邓中夏吼道：“你还这样强硬，难道你不想出去了吗？”

邓中夏凛然道：“我没有进来之前，倒是想到有一天会进来的。现在进来了，却从未想到会出去。”

监狱里，笼罩着死亡的恐怖，每逢星期二、星期四、星期六，都是杀人的日子。邓中夏已经被拉出去陪杀好几次了。敌人杀人的方式很凶残，除了砍头和枪毙，还有绞索勒脖子，将人装在麻袋里用刺刀乱戳等。然而，这一切并没有使邓中夏感到丝毫的恐惧，反而更加坚定了他的信念，使他更加痛恨和蔑视敌人。

每天，他照常与狱友们谈笑着，好像不知道敌人要杀害自己似的。

一天晚饭后，一位狱友对他说：“大家要我向你提个要求。”

“什么要求？”

“想请你讲党课。”

“讲些什么呢？”

“讲党史。”

“好，我准备一下，可以让更多的狱友都听听。”邓中夏充满喜悦地说。

从此之后，邓中夏经常给狱友们上党课，给他们讲马列主义、讲共产党员的理想和气节、讲党史、讲工人运动。

有一次，他刚受完重刑回到牢房，便接着讲上次未讲完的党课，讲着讲着，牵动嘴角和鼻子边上的伤口，血不断地流出来。狱友们都为他的精神所感动。

邓中夏在自己生命的最后时刻，还在坚持学习，阅读一本借来的通史。一次审讯过后，邓中夏估计这是自己最后一次上法庭接受审讯，自己为党工作的时间不长了。在给同志们上完最后一次党课后，他便抓紧时间看完那本通史。随后，他又给党中央写了最后一封信，深情地说：“同志们，我快要到雨花台去了，你们继续努力奋斗吧！最后胜利终究是我们的！”

1933年9月21日黎明，天色异常黑暗，人们都在号子里睡觉。忽然，走廊里传来一阵杂乱的脚步声。紧接着，门上一尺长的铁锁“哗啦”一声被打开了，有人大声喊道：“11号，邓中夏！”

那声音划破了宁静的夜空，人们都被惊醒了。

邓中夏神态自若地站了起来，用手指捋了捋蓬松散乱的头发，弹掉灰布衫上的尘土，扣好领扣，用力推开前来架他的刽子手。他无限深情地点头向狱友们告别，面带微笑走出牢房，振臂高呼：

“共产党万岁！共产党万岁！”

“无产阶级联合起来！”

…………

全监狱的人都被这壮烈的口号声震动了，狱友们纷纷扑向铁窗挥泪送别。

只见五六个刽子手把邓中夏围在中间，他们一起走出监狱大门。上次审讯邓中夏的那个法官正带着十几个全副武装的宪兵等在那里。

法官狞笑着看着邓中夏，说："邓中夏！现在，你不强硬了吧！该后悔了吧！"

邓中夏挺着胸脯，凛然不屈地站在刺刀前，响亮地说："我邓中夏一生没有什么后悔的事！"

"嘿，你还嘴硬呢！我再问问你，你最后还有什么话说？"

邓中夏对法官怒目而视，厉声骂道："狗东西！我从来没有什么话要对你们说！"

他转过身来，用眼扫了一下那些宪兵，放缓语调说："对你们当兵的，我倒有几句话要说说：请你们好好地想一想，共产党是为中华民族求解放的，是为广大人民群众谋幸福的，你们杀死了共产党，对你们自己到底有什么好处呢？"

"快！快给我带走！"法官恼怒地咆哮着。

邓中夏轻蔑地扫了他一眼，仰天大笑，“你们害怕了吧！告诉你们，共产党人是杀不绝的！胜利是属于我们的！看着吧，你们的末日就要到了！”

邓中夏毅然踏上囚车，高声吟唱着：

那有斩不除的荆棘？

那有打不死的豺虎？

那有推不翻的山岳？

你只需奋斗着，

猛勇的奋斗着；

持续着，

永远的持续着。

胜利就是你的了！

胜利就是你的了！

…………

就这样，在雨花台，邓中夏为共产主义事业英勇地献出了自己宝贵的生命，年仅 39 岁。

永恒的纪念

邓中夏牺牲了，党和人民没有忘记他。

毛泽东得知邓中夏牺牲的消息，无比悲痛。1934 年 1 月 22 日，毛泽东在江西瑞金沙洲坝召开的中华苏维埃共和国第二次代表大会开幕词中说：“黄公略、赵博生、韦拔群、恽代英、蔡和森、邓中夏……他们在前线上，在各方面的战线上，在敌人的枪弹下屠刀下光荣地牺牲了。我提议静默三分钟，向这些同志表示我们的哀悼和敬仰！”1945 年 3 月 1 日，毛泽东在延安接见李瑛时，在其日记本上题写：“继启汉中夏之意志！”

1981 年，人民出版社出版《邓中夏

传》，纪念先烈。

1983 年，在党中央的关心下，家乡人民按原貌修复了邓中夏故居，全国各地的人民纷纷前来缅怀先烈。

1993 年 5 月，时任中共中央总书记的江泽民亲笔为邓中夏故居题写“邓中夏故居”牌匾。

1994 年 9 月，为纪念邓中夏 100 周年诞辰，湖南省宜章县建成了中夏公园；邓中夏铜像铸造成功，江泽民为铜像题写了“邓中夏同志”5 个大字。人们纷纷向烈士献礼，向烈士铜像敬献鲜花。

1995 年，中共湖南省委宣传部公布邓中夏故居为湖南省第一批爱国主义教育示范基地。

1996 年 1 月 4 日，湖南省人民政府公布邓中夏故居为省级文物保护单位。

1997 年，花山文艺出版社出版《邓中夏的故事》，以纪念先烈。

2002 年，邓中夏被评为“100 位为新中国成立作出突出贡献的英雄模范人物”。

2006年，邮政部门发行邓中夏纪念邮票。

2011年，二十一世纪出版社出版《邓中夏》，传播先烈事迹。

2013年5月3日，邓中夏故居被国务院列为全国文物保护单位。

2014年9月29日，首个烈士纪念日，邓中夏亲属和湖南省总工会、中共湖南省委党史研究室、江苏南京雨花台革命烈士纪念馆等单位的领导和学生代表共计200多人，举行向邓中夏铜像敬献花篮暨烈士公祭仪式。

此后，每个烈士纪念日，湖南省宜章县都会举行邓中夏烈士公祭仪式。缅怀邓中夏的活动进入新的高潮。

…………